Daniel O. Malarcsek

Amintiri comuniste

Herstellung und Verlag:
BoD - Books on Demand, Norderstedt
ISBN 978-3-7528-6907-1

Cuprins

Prolog

Dragi cititori,

Această carte este o biografie. De fapt e o carte de istorie, istoria mea. Aproape 31 de ani de comunism, inclusiv patru luni şi trei zile de puşcărie. Fantezia e un lucru frumos. Unii au mai puţină, alţii au mai multă. În această biografie, fantezia lipseşte. Nu că mi-ar lipsi mie fantezia, dar o biografie trebuie să reflecte realitatea(părerea mea).
Poate că întrebarea pe care unii şi-o pun este:
Oare de ce a scris Daniel cartea asta?
În primul rînd pentru a-mi descărca sufletul şi pentru a prelucra evenimentele din viaţa mea, care pot spune că a fost cam turbulentă. Asta nu înseamnă că-mi fac deja testamentul! Mai am, cel puţin aşa sper, vreo cîţiva ani de trai în care să mai fac cîte ceva pentru mine, familia mea şi pentru unii sau alţii. Dar nici pe voi nu vă uit dragi cititori. Mai am cîteva proiecte de cărţi ce vor apare într-un viitor nu prea îndepărtat.
Un alt motiv care m-a determinat să încep să scriu, a fost faptul că într-o seară urmărind programul de televiziune RTL, am vizionat o emisiune în care era vorba despre cetăţeni germani ce emigraseră în diferite ţări ale lumii. Cum se descurcă, ce greutăţi întîmpină, din ce motive au hotărît să părăsească Germania. Întîmplarea a făcut că era vorba despre o familie din Hamburg ce părăsise nu de mult Germania şi se stabilise în statul Texas, USA.
Paralel, se luau şi din Germania interviuri cu fani de ai lor. Îi lăudau, de parcă ar fi fost nişte zeităţi. Cît sînt ei

de descurcăreţi şi cît de repede şi-au cumpărat casă în America!

Atunci am reluat filmul trecutului meu și situaţia mea, cînd am ajuns eu în Germania în August 1989. Sînt sigur, că şi eu mă descurcam mult mai bine, dacă aveam peste 100.000 de Euro(la vremea aceea aproape 200.000 de Mărci vestgermane) cum au avut ei la dispoziţie. Aşa poate oricine să înceapă o viaţă nouă şi oriunde pe planeta Pămînt. Toţi cei care trăim în străinătate ştim cît e de greu să porneşti o viaţă nouă de la zero. Cel puţin eu pot să spun asta din propria experienţă. De aceea, aş fi fost curios, să văd cum s-ar fi descurcat această familie germană fără bani, aşa cum am început eu şi mulţi alţii. După ce am trecut în 1989 cu barca Dunărea, am făcut în Jugoslavia puşcărie şi lagăr. În Germania am ajuns cu hainele de pe mine, o pereche de tenişi în picioare şi un paşaport valabil pentru un an. Noroc că sistemul social german e cel mai bun din lume şi am fost ajutat să mă integrez mai repede. E clar că fără cunoştinţe de limba germană mi-ar fi fost mult mai greu. Poate că cei mai în vîrstă dintre voi î-şi mai aduc aminte de americanul de culoare Martin Luther King. El a ţinut un discurs în anii 60, în faţa 250.000 de semeni. Era o perioadă foarte turbulentă în America de Nord. Cetăţenii negri erau discriminaţi.

El a spus: „I have a Dream," ceea ce înseamnă în traducere:

„Eu am un vis."

Visul lui era ca negrii să aibă aceleaşi drepturi cu albii. Visul lui a devenit realitate. Din păcate el nu a mai reuşit să-l vadă împlinit fiind asasinat. Patruzeci şi cinci de ani mai tîrziu a fost ales primul preşedinte al Americii, de origine afroamericană, Barack Obama.

Ce vreu să spun cu asta? Vreau să spun că din cele mai vechi timpuri oamenii au visat la o viaţă mai bună, pace şi libertate. Poate că nu toţi, dar marea majoritate. Nu de mult am citit o carte a unui scriitor peruan, Sergio Bambaren. De aici mi-a rămas întipărit în minte un citat:

„Visează, fă-o şi vei reuşi."

Acest principiu l-am aplicat şi eu în viaţă. A durat destul de mult pînă visul meu a devenit realitate.

Dar mai bine mai tîrziu .....decît niciodată.

Cu siguranţă că nu a fost numai visul meu, ci şi al multor milioane de oameni care au trăit în dictatura comunistă. Cel puţin posibilitatea de a gîndi liber am avut-o. Dar ea nu ţinea nici de foame, nici de sete şi nici nu ne dădea libertate.

Mai bine de 30 de ani am fost nevoit să suport comunismul, cea mai rafinată metodă de a face oamenii să sufere, o formă modernă de sclavagism. Pentru mine a fost o lungă perioadă de timp, ce m-a măcinat fizic şi psihic. Fiecare ar putea să scrie o carte despre viaţa lui, dar puţini o fac. Eu sînt unul din cei care s-au deschis întregii lumi prin cărţile mele. Am făcut-o şi pentru cei ce nu ştiu şi ar fi interesaţi să afle mai multe despre această perioadă tulbure din istoria Romîniei. În primul rînd adevărul, pentru că în comunism, totul s-a bazat pe minciună şi furături. De sus şi pînă jos. De la cei mai înalţi funcţionari politici pînă la ultimul pîrlit. Proverbul spune clar că:

„Peştele de la cap se împute."

Cel mai de preţ lucru după iubire şi sănătate, e libertatea. Ea a lipsit în România, sau exista doar pentru unii. Motivul principal care m-a determinat să-mi risc viaţa, fugind ilegal peste graniţă, a fost să pot trăi în libertate şi democraţie. Am dat ochii şi cu moartea de cîteva ori, dar am avut noroc pentru că în apropiere era cîte un înger păzitor trimis de Dumnezeu. Aşa am scăpat de dracu şi uite că mai trăiesc şi astăzi!

Cu cărţile mele scrise în limba germană am ţinut seri literare şi am încercat să le deschid ochii autohtonilor, ce bine se trăieşte în Germania. Şi asta de zeci de ani. Să nu se mai vaite şi să plîngă pentru orice nimic.

La o seară literară, o femeie mai în vîrstă, m-a întreabat pe un ton cam ironic:

„D-nul Daniel, am şi eu o întrebare.”

„Da doamnă. Spune-ţi vă rog.”

„Tot î-i daţi înainte că nu a-ţi avut libertate. Ce semnificaţie are pentru dumneavoastră acest cuvînt libertate?”

Am rămas cîteva secunde blocat. Nu mă aşteptam la aşa o întrebare. Mi-am revenit însă repede din şoc. Femeia dacă nu a trăit acolo, nici nu avea de unde să ştie cum mergeau lucrurile în România. Atunci, nici n-am luat-o, nici n-am pus-o şi am răspuns ca pe bandă rulantă:

„Stimată doamnă, bineînţeles că vă pot spune.”

Atunci am început să enumăr:

„Afirmaţia de acum, o spun în numele cîtorva sute de milioane de oameni.

- Pentru mine libertate înseamnă: să-mi pot spune părerea politică fără să-mi fie frică, putînd fi posibil ca persoana cu care discut să fie în legătură cu Securitatea şi după discuţie să fiu chemat la interogatoriu.

- Libertate mai înseamnă pentru mine să am posibilitatea să vizionez mai multe programe de televiziune. Deci să nu fiu obligat să înghit minciunile ce m-i le vîră pe gît un singur program al unei televiziuni controlată de un regim totalitar comunist.
- Să pot urmări în linişte un film fără să fie luat curentul.
- Să am căldură şi apă curentă, să am toaleta şi duş în casă, chestii care aici sînt o normalitate dar pe care eu nu le avem la vremea respectivă.
- Libertate pentru mine mai înseamnă să pot în orice perioadă a anului să mănînc fructe şi legume fără să stau ore în şir să mă împing la cozi interminabile.
- Libertate înseamnă pentru mine să am posibilitatea de a vizita orice colţ al lumii, aşa cum am acuma. E clar că trebuie să am şi banii necesari, dar nu despre asta vorbim.
- Sau, să mă urc în maşină, fără să-mi fac socoteala pentru cîţi kilometri î-mi ajunge benzina! Să nu-mi fac gînduri că trebuie să aştept, pînă luna viitoare, cînd voi primi iar cota de 40 de litri pentru că tancul de benzină e gol!

Şi multe ar mai fi. V-am enumerat doar cele mai semnificative şi cred că ajunge ca să vă puteţi face o impresie. Ce spune-ţi? Am dus-o foarte bine, nu?Asta da libertate...."

Femeia a făcut ochii mari şi a rămas pe gînduri.

Eu mi-am dat silinţa scriindu-mi biografia, să nu fiu plictisitor şi de aceea am abordat diferite teme.

Fiecare capitol e ca o scurtă novelă aparte şi sper să vă placă.

Cartea nu e corectată de „specialişti" în limba română. Dacă mai găsiţi greşeli de ortografie î-mi cer scuze, eu sînt vinovatul principal. Dar, vă rog să luaţi în considerare faptul, că am terminat liceul acum 40 de ani(1978) şi de asemenea, că am părăsit România în urmă cu aproape 30 de ani în urmă. Poate că mai contează şi faptul că nu am făcut facultatea de limbă şi literatură română. Nu am la activ decît un liceu şi şcoala vieţii, aşa că între timp gramatica s-a mai pierdut. Am scris aşa cum am ştiut, fără înflorituri, doar ca să scriu cît mai multe pagini. Sper ca stilul meu direct să vă fie pe plac.

Şi acum la treabă!

Începutul

Era o dată ca niciodată, că de n-ar fi, nu s-ar mai povesti.

Era o zi mohorîtă în noiembrie 1958, cînd au început durerile prenatale. Bineînţeles că nu erau durerile mele, ci ale mamei mele. Poate că am simţit şi eu ceva, dar nu mai î-mi aduc aminte. La vremea aceea nu exista mijloc de transport în afară de autobuz în Oţelu Roşu şi eu eram nerăbdător să iau viaţa în piept....după nouă luni de aşteptare. Maternitatea era în celălalt capăt al oraşului. Ca să vezi ce chestie: nici măcar n-am văzut lumina zilei şi am şi făcut primul drum lung, chiar dacă nu pe propriile picioare! Mama a trebuit să meargă 2 km pînă la maternitate cărîndu-mă cu ea, vrînd nevrînd. După lupte seculare, ce au durat două zile și o noapte, am părăsit uterul matern şi am intrat din plin în circuitul vieţii. Maternitatea din oraşul Oţelu Roşu, a fost gazda noastră timp de cîteva zile. Oraşul se numea de fapt Ferdinandsberg pînă în anii 50. Oţelu Roşu este numele de botez dat de comunişti.

Trebuie să recunosc că am fost un copil problemă deja de la naştere. Eram „bine făcut", cîntărind cam patru kg, ceea ce pentru maică-mea a fost într-adevăr o problemă. Nici nu am împlinit vîrsta de patru ani şi primul examen de supravieţuire l-am şi dat. Am făcut o infecţie groaznică de amigdalite. Nu eram eu nici primul, nici ultimul, dar ale mele erau atît de inflamate, că de-abia primeam aer. După multe încercări cu medicină băbească şi nopţi nedormite, au hotărît părinţii mei să meargă cu mine la un medic specialist, la Timişoara. Asta a fost norocul meu. Sau ghinionul? Ba a fost norocul, că altfel nu puteam scrie cartea asta. Dacă mai dura două zile şi nu mergeam la operaţie eram pe post de înger....sau de drac. Deşi au trecut mai bine de 50 de ani, scena din spital mi-a rămas întipărită în minte. Eram în pijama, în faţa uşii de la sala de operaţie împreună cu părinţii mei. Aşteptam să intru la cuţit. Deodată se deschise o uşă şi o zînă în alb veni spre noi. Era ca într-un film science fiction. S-a apropiat de mine, m-a luat de mînă, am intrat amîndoi în sala de operaţie şi am fost dirijat spre pat. Între timp, altă soră a închis uşa şi eu am intrat în panică, fiind înconjurat de mai mulţi extratereştri îmbrăcaţi în haine albe. Eu voiam să merg la mama! Dar mama nu avea voie să intre iar eu nu aveam voie să ies.

Totul a mers relativ repede. Sora mi-a pus un tampon pe nas, eu am dat puţin din picioare după care am intrat imediat în lumea viselor. Tamponul era impregnat cu cloroform, o substanţă folosită pînă în anii 80 în România pentru adormirea pacienţilor la operaţii (tehnologie „înaintată" nu glumă).

După ce m-am trezit, nu ştiam pe ce lume sînt şi aveam gîtul plin. Simţeam că trebuie să vomit şi dădeam ca un disperat din mîini ca să le fac pe surori să înţeleagă ce vreau. Ele ştiau ce urmează şi imediat mi-au băgat sub nas o tavă în care am scuipat cîteva bucăţele de carne de diferite culori, de la galben pînă la negru. Erau amigdalitele ce voiau să mă omoare. Eu însă le-am învins cu succes!

E clar că ce a urmat nu a fost deloc plăcut. Trei săptămîni am băut numai lichide şi am avut dureri mari la înghiţit. Dar timpul le vindecă pe toate. Îngerii mei păzitori nu dormeau şi am avut noroc să scap cu bine. Totuşi am rămas cu o sensibilitate la răceli şi îngheţată, dar de aia tot mănînc!

Această sensibilitate a avut în decursul timpului influenţă şi asupra plămînilor. La şase ani, după un control la un doctor radiolog, acesta mi-a stabilt frumoasa diagnoză: „pată la plămîni".

Teroare! La şase ani! Pata era deja de 5 cm în diametru! În perioada aceea mai circula în România o boală mortală, tuberculoza. Exact aşa se vedea la aparat şi la bolnavii de TBC. Din fericire nu era TBC. Era urmarea unei răceli mai puternice, care nu s-a tratat aşa cum trebuia. Şi atunci, dragul de Daniel a trebuit să ţină popoul, ca şi poligon de tir la trageri ..... cu seringa.

A fost o „plăcere" mersul pe jos, iarna, pînă la policlinică, dus întors, mai bine de 2 kilometri. La dus era ok, dar la întors, după injecţie mergeam ca un moş. Dar ăsta era stagiul medicinei din România anilor 60 şi nu am avut încotro. Am luat la penicilină pînă m-i s-a urît. Aveam deja coşmare numai cînd vedeam seringa.

Că am avut o sănătate cam şubredă, nici nu mă mir. O influenţă negativă au avut-o şi condiţiile în care am crescut. Alimentaţia nu a fost foarte variată şi nici prea bogată în vitamine, porcul fiind alimentul de bază.

Casa în care am crescut era construită la începutul anilor treizeci. Bunicii mei fiind săraci, au făcut şi ei ce au putut. Bunicul lucra 10-12 ore la fabrică, venea acasă şi continua munca de sclav la făcut de cărămizi din argilă şi nisip împreună cu bunica. Nu-mi permit să le reproşej ceva. Dumnezeu să-i odihnească în pace.

Geamurile casei erau simple, cu rame de lemn. Din căldura sobei cu lemne, o mare parte se pierdea pentru că geamurile nu erau etanşe.

Apă în casă nu aveam, aşa că mergeam la toaletă afară în grădină, fie vară, fie iarnă.

Pe bunicul din partea tatei, nu l-am cunoscut.

A murit relativ tînăr, la 59 de ani. Muncea ca un ocnaş la fabrică şi continua acasă. El era cel mai mare dintre nouă fraţi. Pe toţi i-a ajutat făcînd şi datorii la bancă pentru ei. Mai tîrziu cînd el a avut nevoie de ajutor s-au făcut toţi că plouă. Dar aşa e viaţa. Un proverb spune că:

„Dacă eşti bun, de multe ori eşti şi prost."

În căsuţa în care am crescut şi care avea doar două camere, eram trei generaţii. Bunica, mătuşa cu soţul şi vărul meu, eu şi părinţii mei. Deci şapte persoane în două camere. Aşa să tot trăieşti nu? Condiţii optime! Bineînţeles că telefonul era un lux ca şi televizorul. De autoturism ce să mai şi vorbim! Baie se făcea în lighean sau troacă de tablă, cu apă de la izvor sau fîntînă, încălzită pe sobă. Mai am o poză personală, în ligheanul cu apă, dar nu vreau s-o postez pentru că e.... prea sexy(la 1 an).

Pentru că nu aveam apă curentă, tot bunicu şi-a rupt oasele săpînd o fîntînă în grădină. Fîntîna există şi astăzi. Închipuiţi-vă că are 16 m adîncime fiind săpată şi pietruită de jos pînă sus, de doi oameni! Aş vrea să văd în ziua de azi cine mai face aşa o lucrare? Poţi să uiţi!

Problema era doar că nu tot timpul aveam apă, casa fiind pe deal. Din fîntînă nu beam pentru că nu era verificată. Totuşi am avut noroc cu un izvor ce era la vreo 200 de metri. Acolo iarna, luam ziare, le dădeam foc şi le ţineam sub robinet ca să-l dezgheţăm. Era o plăcere deosebită cînd ardeam ziarele cu pozele lui

Nicolae și a Elenei! Așa ne descurcam ca să avem apă de băut şi de spălat rufele. Nici nu mă mir că bunica avea reumă. Degetele ei de la mîini erau toate strîmbe! Păi să clăteşti tu rufele cîte o jumate oră în apă rece, cu zăpadă în jurul tău şi temperaturi sub zero grade! Să nu mori încet?

Așa ne-a mers cîteva zeci de ani la rînd. De-abia după 1980 ne-au băgat şi nouă conductă de apă pe stradă! Deci maşina noastră de spălat era manuală şi funcţiona perfect în orice anotimp. Sobele nu încălzeau cu aer. Trebuiau combustibili, egal de ce natură. Cărbunii erau scumpi, făceau mai mult fum şi atunci nu am avut de ales decît să mergem la pădure. Nu după fragi şi după mure, ci după lemne, ca să avem de făcut mîncare şi căldură. Gazul pe care trebuia să-l primim noi în cartier, l-a luat primarul și l-a dat în cartierul Cireşa pentru că acolo locuia el, ardel-ar focu acolo în iad unde e. De fapt nu degeaba avea numele de familie Măgariu....

Eu am început devreme cu munca. Sărăcia î-şi arăta colţii. Trebuia să merg la şcoală, după care acasă mă aştepta lucrul. Munca nu era de loc uşoară. Grădinile, că erau două, trebuiau săpate primăvara ca să se pună legume. Cea de jos era cum era, dar cea de sus, aici era teroare! Un lut galben, ce se usca repede şi era tare ca piatra. Arşăul (sapa) era mai mare ca mine. Asta însă nu mă scutea, fiind şi eu prins în procesul de producţie.

De asta î-mi era urît întotdeuna. Nici nu mă mai mir de ce genunchii mei sînt nenorociţi!

Încercam eu să scap dar nu ţinea figura. Toată lumea lucra, aşa că eu nu puteam să fac excepţie. La fel cu lemnele. De la opt ani la pădure. Tăiat, cărat pe spate, legat şi tras cu funia pe deal în jos. Acasă tăiat cu firizul de mînă, spart şi clădit. Simplu nu? Numai eu ştiu cîte sute de tone am cărat cu spatele şi cîte am mai tras după mine ca un cal la căruţă!

Aşa-i dacă eşti sărac. Nici boii nu trag. În schimb trăgeam eu ca boul. Măcar dacă s-ar fi rentat lucrul, dar nu ne-a adus decît oase rupte. Dacă nu erau bani, am fost obligat-forţat să învăţ o grămadă de meserii. Ceea ce atunci am făcut de voie de nevoie, mi-a prins bine aici în occident. Cu cît ştii mai multe, cu atît te descurci mai uşor.

Probabil că generaţia de după revoluţie î-mi va pune întrebarea:

„Din ce film ne povesteşti domnule toate chestiile astea?"

Da. Le-am luat dintr-un film. Din filmul vieţii noastre, al celor care au trăit din plin calvarul comunist!

Cred că mulţi din generaţiile mai în vîrstă se gîndesc:

„Ce n-aş da, să mai fiu tînăr."

Eu mai puţin. Prea multe experienţe negative am avut. Dar nu mai contează. Timpul a trecut şi trecutul nu mai revine niciodată.

De copil am urît comunismul, cu faţa lui hidoasă, cu minciunile gogonate ce ne erau vîndute, cu sărăcia care se ţinea de noi ca rîia. De aceea mi-am luat ca ţel în viaţă să dispar cît mai repede din România. Din păcate a trebuit mai întîi să-mi distrug fizicul şi psihicul la armată. Să înghit jignirile unor nespălaţi ce nu ştiau nici tabla înmulţirii. În ciclul doi să lucrez la 600 de metri sub pămînt în mină la Petroşani, să scot cărbune pentru tovarăşul căpitan ca să mai urce în grad. Norocul meu că am scăpat măcar cu viaţă. Da, da, prieteni. Asta viaţă, legată cu aţă!

Şi atunci, să nu plec cît văd cu ochii? Egal unde numai în România nu! Mi-am jurat, că şi dacă voi mînca pietre, sau va trebui să curăţ rahat, eu plec, fie ce o fi. Apropo. De rahat nu-mi era teamă, pentru că m-am familiarizat devreme cu el. Aveam vreo doi ani şi m-a găsit mama în ţarc pictînd totul în jurul meu! Mai tîrziu am curăţat destul rahat şi acasă şi la armată.

Se zice că cine mănîncă de mic rahat are noroc în viaţă. Acuma, probabil că şi cantitatea mai contează!

Cît oi fi mîncat eu, nu mai ştiu. Ce ştiu, e că în 1982 am încercat să trec ilegal frontiera. Am fost prins şi condamnat la 10 luni de închisoare. Deci probabil că nu am mîncat toată cota de rahat, ca să am destul noroc!

Ei, să lăsăm gluma. Nu rahatul a fost de vină, ci capul meu, pentru că nu m-am pregătit aşa cum trebuia pentru pasul ăsta. Am zis că dacă unul şi altul au reuşit să fugă peste graniţă, ce eu sunt mai prost?

Din păcate, am fost. Aşa e cînd te grăbeşti şi nu stai mai mult să gîndeşti.

„Dă-i Doamne românului mintea de pe urmă".

După puşcărie a trebuit să mai aştept 6 ani pînă am găsit o modalitate cât de cît sigură, ca să trec frontiera. Aşa am reuşit să fug din ţară. Dacă vă interesează detalii cu puşcăria şi trecerea frontierei, toată acţiunea se poate citi în cartea, „**Evadarea din infern**" ce a apărut la Amazon. Acum trecem la lecţia de istorie. Dar istoria adevărată, care a apărut după epoca Ceauşescu. Poate că mai sînt greşeli, în ce priveşte informaţiile mele, dar sper să nu fie grave.

Istoria României(pe scurt)

Deşi trăiesc de acuşi 30 de ani în Germania nu am uitat de unde am plecat. Ceea ce urmează am scris pentru generaţia de după revoluţie, care din fericire pentru ea, nu a trecut prin sita teroristă a comunismului.

România este un stat din sudestul Europei cu o suprafaţă de 238.000 km² fiind din cele mai vechi timpuri o regiune foarte intens vizitată şi cotropită de diferite popare migratoare din est şi din vest.

Statele vecine din ziua de azi, existau şi pe atunci. Le ştie toată lumea....sper.

Dar acum 2000 de ani cînd imperiul roman se apropia cu paşi repezi spre Dacia, pentru a o supune şi anexa, totul arăta bineînţeles altfel. România nu numai că are (sau cel puţin avea pe atunci) un pămînt roditor dar şi multe bogăţii naturale, ca: aur, marmură, cupru, argint.

Aceste bogăţii au atras oaspeţii neinvitaţi ce au prădat fără milă, lăsînd în urma lor sărăcie şi victime. Nici nu trebuie să ne mirăm că România nu a ajuns să se impună nici pînă în ziua de azi pe plan internaţional. Românii nici nu ajungeau să se refacă cît de cît şi hop din nou era război. Toate aceste lupte, care de obicei sfîrşeau cu înfrîngerea trupelor române, au oprit dezvoltarea României din toate punctele de vedere. Cea mai importantă influenţă negativă au avut-o romanii şi turcii. Descoperirile arheologice au scos la iveală vestigii vechi de peste două milenii. Războiul cu romanii a durat din anul 104 pînă în 106 după Christos. Imperatorul Traian a ieşit învingător şi astfel a devenit Dacia o provincie romană pînă în anul 271 cînd ultimele trupele romane s-au retras înspre sud dincolo de Dunăre. Asta se întîmpla sub conducerea împăratului Aurelian.

În secolul VII au venit primele popoare migratoare să-şi ia şi ele „drepturile". Primii au fost slavii, apoi au urmat în secolul IX hunii cu renumitul lor conducător Attila. În secolul XIII s-au aventurat tătarii pe teritoriile României lăsînd în urma lor nenorocire. În secolul XIV s-au format principatele Moldova şi Muntenia. Ceva mai tîrziu a urmat şi Transilvania.

Din secolul XIV a început ocupaţia imperiului otoman. Turcii deveniseră o putere internaţională. Pentru ca să poată întreţine o armată aşa de numeroasă, era nevoie de aur şi grîu, ceea ce România avea din plin. Deci era clar că turcii fiind aşa de aproape de România, veneau des să se servească prin prădarea oamenilor şi luarea lor ca sclavi, sau prin impozite şi dări. 500 de ani au supt turcii seva României, pînă în secolului XIX, cînd au fost înfrînţi şi s-a terminat cu imperiul otoman. În 1848, ca în toată Europa, a avut şi în România o revoluţie a cărei conducător a fost Tudor Vladimirescu. În anul 1866 România a devenit regat, la putere instalîndu-se prinţul Karol de Hohenzollern-Sigmaringen. Pe vremea aceea, Austro-Ungaria devenise puterea care domina scena politică şi militară din spaţiul central-european.

Urmaşii prinţului Karl au condus România pînă în anul 1947 cînd au preluat şarlatanii comunişti.

În primul război mondial, România a rămas neutră din 1914 pînă în 1916. Spre sfîrşitul lui 1916 a intrat vrînd nevrînd în război contra Austro-Ungariei pentru că ruşii erau deja la graniţă. În 1918 se termină toată mascarada cu pacea de la Bucureşti. Cele trei mari regiuni se unesc în România Mare. În perioada interbelică rămîne la conducere o monarhie liberal-constituţională. Între 1927 şi 1940 s-au perindat 25 de partide la conducere. În 1927 se instalează la conducere Partidul ţărănesc. În 1933 Garda de fier, apoi legionarii sub conducerea generalului Antonescu. Pentru că partidele de la conducere se schimbau ca şi ţiganii caii, nefiind în stare să conducă România, regele desfiinţează parlamentul în anul 1938 şi introduce dictatura regală. La izbucnirea celui de al doilea război mondial, în toamna lui 1939, românii rămîn neutri. Cele trei mari puteri, Anglia, Franţa şi Rusia, garantau României independenţa. Dar regele nu a permis trupelor ruseşti să treacă pe teritoriul român în ofensiva contra trupelor germane. De aceea ruşii nu au mai respectat această garanţie. În Octombrie 1940 începe ocupaţia germană şi vrînd, nevrînd, România intră în război alături de Hitler. Românii participă activ la ofensiva contra Uniunii Sovietice, ce porneşte în iunie 1941, prin alimentarea trupelor germane cu grîne, petrol, produse industriale. Pentru acest fapt va fi bombardată masiv de trupele aliate în 1943. O dată cu pornirea de către Rusia a contraofensivei la începutul anului 1944, s-a schimbat tot mersul războiului. Trupele germane erau tot mai slăbite şi economia României în prag de faliment. În August 1944 regele Mihai hotărăşte să întoarcă armele împotriva lui Hitler, pe 23 August. Trupele române s-au aliat cu cele ruseşti.

Comuniştii au folosit această zi de 23 August, ca o zi specială şi s-au bătut pe piept că ei au întors armele împotriva nemţilor. Asta e o minciună gogonată, pentru că atunci nu erau ei la putere, ci regele dirija tot procesul. Dar asta au uitat „săracii de ei" să mai recunoască. De-abia în 1946, au venit ei la putere ca şi partid conducător. După conferinţa de la Jalta, s-a hotărît împărţirea Europei între ruşi şi trupele aliate. România a intrat sub „aripa protectoare" a ruşilor care au dirijat şi controlat din umbră tot ce se întîmpla în ţara românească.

Comuniştii au început, încet şi sigur, să pună mîna pe ministeriile principale. La alegerile din 1946 ei cîştigau 80% din voturi. Le cîştigau însă prin fraudă şi manipulare. Aşa s-au instalat la conducere. Toţi cei din opoziţie au fost omorîţi, băgaţi în puşcării, expropriaţi, sau trimişi în exil. Prin aceste metode au înlăturat toţi concurenţii. Ultimii erau cei din familia regală. La 30 Decembrie 1947 se sfîrşeşete monarhia din România prin alungarea regelui Mihai în exil. Astfel preiau comuniştii conducerea României pe deplin.

În Aprilie 1948 ţara se transformă din Regatul România, în Republica Populară Română. De acum încolo influenţa ruşilor devine supremă. Totul se copiază de la Stalin, începînd cu minciuna şi terminînd cu crima.

Aşa cum la Hitler era Gestapo, la ruşi KGB, la români s-a înfiinţat Securitatea. Un instrument de apărare şi controlul total. Toţi securiştii erau pe acceaşi lungime de undă: devotaţi regimului, fără scrupule şi oricînd dispuşi să se sacrifice pentru ţară. Lor le mergea bine. Aveau de toate, pe cînd poporul se împingea la cozi!

Toate băncile au fost trecute din mîna privată în cea de stat şi paralel s-a început colectivizarea forţată în agricultură.

Asta era de fapt exproprierea sau luarea cu forţa, a proprietăţilor private şi adunarea lor în cooperative colective. Era exact ceea ce ruşii făcuseră după înlăturarea ţarului, prin revoluţia din 1917.

„Vrei nu vrei, eu tot îl iau", era deviza.

Din păcate şi familia mea din partea mamei, a fost una care a avut mult de suferit din cauza acestor cîini de oameni. Bunicul meu a lucrat trei ani în America, să adune bani, să-şi cumpere pămînt. În 1913 s-a îmbarcat pe un vas şi a plecat fără să ştie ce-l aşteaptă. S-a reîntors în 1916 şi a fost imediat luat pe front în primul război mondial. A scăpat cu bine şi şi-a continuat viaţa de ţăran. În anii 50 au venit nenorociţii de la partid cu jandarmii şi i-au luat totul ca şi cum ar fi fost al lor. Pentru că ai mei aveau ceva mai mult, dar nu din furături ci din munca lor de zeci de ani, au fost consideraţi chiaburi, deci bogătani.

Bunicul nu voia să intre în colectiv. Pentru acest fapt l-au luat la post şi l-au bătut măr. Unchii mei, fraţii mamei, au fost luaţi de acasă cu familii cu tot, duşi în Bărăgan şi lăsaţi în mijlocul cîmpului. Patru ani au trăit în condiţii primitive, în bordeie de pămînt. Asta da dreptate! Aşa să tot trăieşti! Trăiască comunismul... în iad la cazanul cu păcură!

La începutul anilor 50 s-a hotărît construirea, de fapt săparea, unui canal care să unească Dunărea cu marea Neagră. Lucrarea s-a făcut de deţinuţii politici, puşcăriaşii şi armata care erau trimişi la canal să lucreze. Oamenii munceau degeaba sau crăpau în închisori ca şobolanii. Acum aveau tiranii mînă liberă!

Se presupune că la canal ar fi murit în jur de 100.000 de oameni, „trădători de ţară."

La şcoală în cărţile noastre de istorie, vorbesc de anii 60 pînă în 89, nu se amintea însă deloc despre aceste evenimente. Tot ce comuniştii au făcut, era bine şi făcut cu cap. Ziceau ei. Rezultatele însă s-au văzut. Erau făcute cu cap... de bou!

După moartea tiranului Stalin, în anul 1953, a venit la putere Hruşciov. El l-a criticat pe Stalin pentru crimele ce le-a făcut. A făcut-o însă din păcate după moartea acestuia. Cu siguranţă că dacă l-ar fi criticat cît mai era în viaţă, era şi el pe lista morţilor. În 1955 România devine membru al pactului de la Varşovia. În anul 1956 are loc revoluţia din Ungaria pe care ruşii o înăbuşă sîngeros, venind cu tancurile şi omorînd oamenii fără milă. În România se încheie în 1962 colectivizarea, bineînţeles cu cruzime şi represalii. Primul secretar general al PCR (Partidul Comunist Român) a fost Gheorghe Gheorghiu Dej. El preia conducera din 1962 pînă în 1965, cînd moare subit. La congresul PCR din 1966 a fost ales „pantofarul nostru prea iubit", Ceauşescu Niciolae (am scris intenţionat nu e greşeală!) în funcţia de conducător. El s-a menţinut 23 de ani, pînă la revoluţia din Decembrie 1989 cînd afost executat împreună cu iubita lui Elena.

În 1968 avut loc la Praga, în Cehoslovacia, „Revoluţia Primăverii" care din păcate sfîrşeşte la fel de groaznic ca şi cea din Ungaria prin prezenţa trupelor ruseşti.

Ceauşescu a fost la început apreciat şi lăudat de occident. Conducătorii ţărilor din vest au fost foarte încîntaţi de faptul că el nu le-a permis ruşilor să treacă cu tancurile spre Cehoslovacia pe teritoriul românesc. Nimeni nu a mai făcut acest gest de „vitejie". Să te împotriveşti tu ruşilor? Asta era ceva ieşit din comun pe atunci.

Pentru că a fost aşa curajos, a primit împrumuturi de bani de la Fondul Monetar Internaţional cu condiţii foarte avantajoase. Eu îmi aduc aminte că la începutul anilor 70 nu ne mergea chiar rău! Pe atunci însă aveau efect împrumuturile ce ajunseseră în 1980 la frumoasa sumă de 10 miliarde de dolari.

Din 1980 situația omului de rînd începuse tot mai mult să se înrăutățească. Toate alimentele s-au raționat. Fiecare familie a primit cartelă ca după război, pentru pîine, unt, ulei, zahăr, ouă și benzină. Noi aveam fiecare cotă. Dacă și funcționarii de partid sau polițiștii aveau cartele, nu pot să vă spun. Din păcate nu am avut pe nimeni din această categorie printre cunoștințele mele. Dreptatea comunistă era cam așa: „Ce-i al tău e și al meu. Ce-i al meu, e numai al meu".

În ce privește politica internă, s-au schimbat multe..... în rău. Comuniștii au dat cîteva legi prin care au înrăit și mai mult condițiile și așa destul de grele în care trăia omul de rînd. Pentru că numărul de copii începuse să scadă, femeile nu au mai avut voie să avorteze decît în cazurile în care sănătatea le era în pericol. Avortul era acceptat de la vîrsta de 45 de ani în sus, cazuri extreme de boală sau pentru mamele care aveau deja 5 copii. Din cauza acestui decret au murit multe femei care au încercat prin diferite metode băbești să avorteze. Sărăcia lua amploare. Părinții nu mai o scoteau la capăt și mulți copii au fost dați în orfelinate sau case de copii cum se numeau pe atunci. De aici, din orfelinate, î-și recruta Securitatea candidații. Bineînțeles că erau aleși numai cei mai sănătoși. Bolnăvicioșii și cei slabi erau lăsați să trăiască mai departe în aceleași condiții de mizerie. Era o copie a ceea ce făcuse Hitler cînd și-a recrutat oamenii pentru SS. La fel ca și în lagărele de teroriști Al Kaida, tinerii erau instruiți și educați să fie oricînd pregătiți să apere țara și să-și dea viața pentru regimul comunist. Toate acestea au ieşit la iveală de-abia după revoluţia din Decembrie 1989.

Drepturile omului în perioada comunistă erau doar pentru unii. Pentru cei mulţi ele nu existau.

Să enumăr doar cîteva exemple mai concludente:

- Cenzura presei şi televiziunii
- Vizitele în ţări străine în afara blocului comunist erau un lux, obţinerea unui paşaport pe cale legală fiind aproape imposibilă. Totul mergea pe pile şi dare de mită. Cetăţenii români de naţionalitate germană care emigrau erau cumpăraţi de statul german cu bani grei.
- Oricine putea să te bage repede la puşcărie, doar spunînd că vrei să fugi peste graniţă chiar dacă nu era adevărat.

Şi lista ar fi interminabilă, cîte încălcări ale drep-turilor elementare ale omului şi-a permis acest regim criminal!

După o vizită a lui Ceauşescu în Koreea de Nord, acesta a venit cu idei noi împrumutate de la alţi cretini! El a început să radă sate întregi ca să construiască fabrici de prelucrare a metalelor, acolo unde de generaţii s-a făcut numai agricultură! Deci, a luat ţăranul de pe cîmp şi l-a făcut meseriaş. În acelaşi timp a slăbit agricultura, pe care la un moment dat o făceau doar bătrînii care rămăseseră la sat. Tineretul pleca la oraş pentru că plata la colectiv era derizorie. În oraşe s-au construit blocuri de locuit din beton, adevărate colonii ce dăinuie pînă în ziua de azi. Monumentele arhitectonice, bisericile şi clădirile vechi în loc să le repare şi să le întreţină, le-au dărîmat. Ţara se afunda tot mai mult în sărăcie. În acelaşi timp nenorocitul de Ceaşescu îşi construia cea mai mare clădire din lume: „Casa Poporului."

Acolo se băgau miliardele de dolari şi noi ne împingeam la coadă pentru o pîine! Trăiască comunismul...sub pămînt la 30 de metri!

Odată cu venirea la putere în URSS a lui Michail Gorbaciov şi liberalizarea în Rusia, a început şi în restul blocului comunist să se schimbe cîte ceva. În România din păcate nu prea mult. Regimul la putere era încă mult prea bine organizat şi nu permitea schimbări. În 1987 a avut loc la Braşov o revoltă, muncitorii fiind nemulţumiţi de condiţiile de muncă şi viaţă. A fost un fiasco total. Organizatorii au fost bătuţi şi condamnaţi la ani grei de închisoare. În Polonia anilor 80 mişcarea anticomunistă, avîndu-l pe Lech Walensa lider, a avut şi ea o influenţă importantă la slăbirea puterii comuniste în Europa de est. În DDR au avut loc în toamna anului 1989 demonstraţii de protest împotriva regimului Honecker cu rezultate pozitive ce de fapt au dat semnalul de pornire a luptei împotriva comunismului şi în România. Din păcate România e singura ţară din blocul estic unde a curs sînge nevinovat, pentru că neghiobul de Ceauşescu a ţinut pînă în ultima clipă de putere!

Deşi eu eram deja din august 1989 în Germania, am urmărit cu mare interes evenimentele din România din Decembrie. Împreună cu prietenul meu Fredi cu care am trecut frontiera, ne uitam la televizor şi plîngeam ca nişte copii! Plîngeam şi în acelaşi timp ne bucuram. Plîngeam după victimele pe care le făcuse securitatea şi armata şi rîdeam pentru că ştiam că asta e ultima răbufnire a comunismului. În sfîrştit după atîta amar de vreme s-a terminat cu teroarea!

De abia după ce a fost executată perechea de şobolani Ceauşescu am fost siguri că s-a termint şi cu comunismul! Atunci parcă m-i s-a luat un munte de pe inimă şi am sperat că totul se v-a schimba în bine. Am uitat însă, că pe lîngă şobolani mai erau o mulţime de şoareci care de-abia au apucat să dispară cei mari ca să se arunce şi ei să-şi facă plinul!

Cu mare emoţie î-mi amintesc de prima mea vizită în ţară făcut pe 17 Ianuarie 1990. Trecuseră doar trei săptămîni de la evenimentele din Decembrie! Primul autoturism, am reuşit să mi-l cumpăr după patru luni de muncă în Germania! Era o Honda veche de peste 10 ani, dar în comparaţie cu ce se găsea în România pentru omul de rînd, era lux curat. În ţară nu mi-aş fi permis nici în 20 ani aşa ceva. Pe data de 10 Ianuarie 1990 am cumpărat-o şi după 100 km rulaţi cu ea, am plecat la un drum de peste 1300 km!

Nu-mi păsa de nimic şi nici nu-mi făceam gînduri ce se va întîmpla pe drum! Voi ajunge cu bine? O să ţină rabla mea pînă acasă? Eram ca nebun! Fugi, fă cumpărături, ia de toate să le duci la cei de acasă rămaşi în sărăcie şi nevoi. Nu aveam de unde să ştiu dacă pot să le trec la graniţă. Nu mă interesa nimic, decît să plec cît mai repede şi să mă întîlnesc cu cei dragi pe care i-am lăsat în urmă cu o jumătate de an acasă în România! Acestea sunt trăiri adevărate, care nu le poţi uita nici în 1000 de ani. Sînt clipe de nedescris. Şi acum după atîţia ani mă trec lacrimile şi fiorii cînd scriu aceste rînduri. Doar cine a trecut prin aşa ceva poate şti ce înseamnă aceste stări de euforie incredibile! Ok. Ajunge cu slăbiciunile! Acum urmează cîte ceva despre condiţiile în care s-a desfăşurat viaţa mea în comunism.

Viaţa mea în comunism

Încă un motiv ce m-a determinat să scriu această carte a fost faptul că deşi au trecut de la sfîrşitul celui de-al doilea război mondial mai bine de 70 de ani, încă se mai cer despăgubiri pentru crimele lui Hitler. Ce vină au generaţiile născute după 1930? Niciuna şi totuşi....

Dar mă întreb eu, ca un om de rînd ce sînt, de ce oare nu se vorbeşte decît rar de crimele făcute de dictatorii comunişti, în frunte cu Stalin? Oare milioanele de oameni care au murit, sau care au fost chinuiţi în lagăre de concentrare şi în închisori, pentru că nu au fost de acord cu doctrina comunistă, ăştia nu merită măcar să se amintească din cînd în cînd şi ceva despre ei?

Bineînţeles că ce Hitler cu trupa lui au făcut, nu e un lucru de laudă. Dar asta a fost de scurtă durată. În schimb, ce excrocii de comunişti au făcut, s-a întins pe o perioadă de peste 70 de ani. Trei generaţii de oameni nevinovaţi au fost sacrificate. Se presupune că prin epurările făcute în comunism au dispărut cel puţin 30 de milioane de oameni. Trăiască comunismul!

Jidanii care au fost maltrataţi au cerut despăgubiri materiale. Pe mine cine mă despăgubeşte, că am trăit 30 de ani ca într-o închisoare şi nu am avut voie să ies, plus condiţiile materiale care erau ca după război. Şi asta în anii 80! Şi cum stăm cu despăgubirea pentru lunile de puşcărie pe care le-am „absolvit"? Doar Dumnezeu m-a despăgubit! Pe această cale îi mulţumesc!

Să revin la ceea ce mi-am propus, să vă informez despre viaţa mea în comunism. Ca să putem înţelege, cum s-a ajuns la această perfidă modalitate de a înjuga şi teroriza omul, trebuie să ne întoarcem în istorie cu mii de ani în urmă.

De cînd există omenirea, au existat deştepţi şi proşti. Proştii erau cei mulţi, de care deştepţii profitau. Deştepţii erau conducătorii, proştii poporul. Nici în ziua de azi nu e altfel şi nici nu se va schimba vreodată. Dacă studiem puţin istoria, acelaşi principiu s-a aplicat la: chinezi, la egipteni, la romani, la toate popoarele, din cele mai vechi timpuri.

Nu ştiu să existe în istorie un exemplu, care să confirme, că cineva care a ajuns la putere a făcut-o fără să foloseacă agresiunea, crima, sau minciuna. Deci, acest principiu s-a adeverit a fi cel mai adecvat pentru a ajunge la putere în timpul cel mai scurt. Înlăturarea fără milă a tuturor obstacolelor în drumul spre realizarea scopului. Se spune că scopul scuză mijloacele. Părerea mea e doar că sună frumos, însă nu e corect. Dar ce parcă asta contează?

Primele semne de existenţă ale comunismului se pot observa în secolul XIX. După revoluţia din 1848 comunismul se profilează din ce în ce mai mult ca o modalitate de apărare a drepturilor clasei muncitoare. Asta teoretic. În esenţă, ceea ce au scris Marx şi Engels în Manifestul Comunist, nu era total greşit: drepturi egale pentru toţi. Prin asta dispăreau diferenţele şi clasele sociale. Dar ei nu au luat în considerare că niciodată nu se va putea ca toţi să gîndească şi să facă la fel unul ca celălalt. Dintr-o teorie bună, a ieşit o practică nu rea, ci foarte rea. Comunismul a fost o metodă nouă, putem s-o numim chiar o ştiinţă nou apărută, de exploatare a omului, de izolare a adversarilor politici şi înlăturarea lor fără drept de apel.

Situaţia materială a poporului român a fost relativ bună, pînă cînd congresul, în frunte cu pantofarul Ceauşescu, au hotărît să plătească datoriile României la fondul internaţional. Prin această acţiune, la sfîrşitul anilor 70, s-a dat startul crizei din România. Tot ce se putea exporta mergea în afara ţării. Ciurucurile sau resturile, se împărţeau la populaţie. Totul s-a raţionat. Produsele alimentare ca şi benzina le primeam pe cartele. Bunica mea î-mi spunea că aşa a fost şi după război. Dar la noi ce război a fost?

Stop! Totuşi era un război! Războiul dintre noi, oamenii simpli, care ne războiam la rînd, înjurîndu-ne şi împingîndu-ne! Era războiul cozilor permanente şi interminabile!

La acest război nu participau însă toţi. Cei care aveau funcţii şi pile, mergeau prin spate şi ieşeau cu plasa plină. Trăiască comunismul!

Despre situaţia asta aş vrea să scriu acum mai detailat şi nu pentru cititorii din generaţia mea, nici măcar pentru cei cu 10 ani mai tineri ca mine, ci pentru generaţia de după revoluţie care nu a mai apucat aceste vremuri de răstrişte.

Deci să încep cu drumurile sau şoselele, dacă se puteau numi aşa. Acele capcane pentru roţile maşinilor, cu gropile care nu se mai terminau!

Nivelul material al unei ţări se vede după situaţia drumurilor din ţara respectivă. Drumurile din România la vremea aceea erau catastrofale. Reparaţiile se făceau umplînd gropile cu nisip, sau vara aruncînd criblură de piatră peste toată şoseaua. Era o modalitate bună de a da de lucru producătorilor de parbrize, pentru că la fiecare kilometru era cîte o grămadă de sticlă de la un parbriz spart.

Spitalele erau sub toată critica din toate punctele de vedere. De la igienă şi pînă la technică. Intrai bolnav şi ieşeai mort de bolnav. Ca să nu mai vorbim de corupţia ce exista de la şeful spitalului pînă la portar.

Deviza era clară:

„Nu dai nu ai," ceea ce doctorii au luat-o foarte în serios.

Despre faptul că nu primeai viză de ieşire din ţară cred că nu mai trebuie să amintesc prea multe. Cine mai mergea prin stăinătăţi erau membrii de partid cu familiile lor, dar numai în ţările blocului comunist, DDR, Polonia, Cehoslovacia, Ungaria, Rusia sau Bulgaria. În vest nu aveam ce căuta! Acolo se trăia „rău". Ăia erau capitalişti. Muncitorii erau exploataţi şi mulţi nu aveau de lucru, erau şomeri. Acolo aveau voie numai barosanii din partid, şefii securişti şi spionii. În vestul capitalist se încălcau permanent drepturile omului! Asta era propaganda comunistă. Deci, era ceva negativ pentru poporul român. Realitatea însă era cu totul alta.

La judeţ, şefii şi securiştii aveau magazine separate unde se găsea marfă de calitate tot anul. În magazinele pentru noi, nu se găseau decît borcane de fasole şi conserve de peşte. Aprozarele aveau marfă de două calităţi: proastă şi foarte proastă. Din prima se serveau vînzătorii cu neamurile lor iar resturile le primeam noi ceilalţi, cei mulţi sau prostimea.

Cine lucra în perioada aceea ca vînzător, egal în ce domeniu, avea posibilitatea să-şi aleagă din marfă ce era mai bun iar resturile erau de vînzare.

Traiască comunismul.....la trei metri sub pămînt!

Familia mea consta din trei generaţii:
bunica, părinţii mei şi eu cu fratele meu.
Deci eram cinci persoane. Noi trebuia să ne descurcăm o lună de zile cu ceea ce primeam pe cartelă.
De persoană primeam pentru o lună de zile:
- un pachet de unt de 250 g, 10 ouă
- 1 litru de ulei nefiltrat de la butoi
- 1 kg de zahăr, 1 kg de făină
- pe zi, o pîine neagră, cu care a doua zi puteai liniştit să baţi cuie în pereţi.

Calitate nu glumă!
Dacă se termina raţia mai devreme de sfîrşitul lunii, trebuia să te „descurci" cum ştii. Aşa se încuraja darea şi luarea de mită, înşelăciunea şi furtul. Acestea fiind ocupaţiile de bază în România, se vede la ce au dus: sărăcie şi necazuri.
Înainte de a începe criza î-mi aduc aminte că se spălau salopetele murdare de ulei şi unsoare de la uzină, cu motorină, în găleată. După aceea se arunca mizeria oriunde pica bine la mînă, fără a sta prea mult pe gînduri. Putea fi şi rîul Bistra. Că doar apa curge şi nu se ştia cine a aruncat! Lipsă totală de răspundere şi ignorarea celor mai simple reguli de protejare a naturii!
Din păcate am fost şi eu unul dintre cei mulţi. Neavînd însă containere de gunoi unde să fi aruncat resturile? La mine în grădină? Doar nu-s prost! În pădure cu ele că pădurea nu-i a mea! O dată la cîţiva ani se dădea drumul la acid din uzină pe rîul Bistra! Probabil că era intenţionat, ca să prindă lumea peşte.
În zona Ruschiţa se exploata plumb. Pentru a separa plumbul din zăcămînt, era nevoie de aplicarea unei technologii chimice foarte toxice. Ce putea fi mai

simplu decît ca deşeurile să se verse direct în apa curgătoare ce trecea prin faţa fabricii! Era ideal. Produsele întreprinderii Oţelu Roşu, unde eu am lucrat 10 ani ca electrician, erau renumite în toată România. Pînă cînd a început criza. După aceea, se producea numai rebut, ce trebuia din nou topit şi reprelucrat. Plus că energia consumată era mult prea mare pentru puţinul care se producea.

Important era ca planul se îndeplinească.... pe hîrtie. Numai că nu se ştia exact care plan era depăşit: la rebut, la energie consumată, sau la minciună.

În glumă discutam între noi şi îl imitam pe Ceauşescu cînd vorbea la marea adunare naţională: „Dragi tovarăşi şi preteni. Ne-am adunat aici ca să nu fim împrăştiaţi. Planul cincinal o să-l îndeplinim, chiar dacă trebuie să lucrăm şapte ani."

Deci gluma e clară. Ce trebuia să se facă în cinci ani, se făcea în realitate în şapte! Minciuna, era vorba de bază de sus şi pînă jos.

Cu benzina era tare de tot. Benzina a fost şi pe vremea aceea valută forte. Din tot ce se mai producea cu utilaje învechite, se ducea 90 % la export. Pentru consumul intern rămînea mult prea puţin. Nu primeam decît 30 pînă la 40 de litri pe lună! Pentru aceşti litri de benzină, ca şi pentru orice produs era o coadă programată. Fiecare produs cu coada lui. Mai lungă, mai scurtă, de lungă durată sau de foarte lungă durată.

Era o „plăcere" să stai la rînd opt ore şi cînd eşti aproape de pompă să vină benzinarul să-ţi spună: „Fraţilor nu mai staţi degeaba că s-a terminat benzina. Mîiine poate primim iar."

Cum dracu să nu mai fie, cînd au venit cinci tone şi nu au primit decît vreo 70 de persoane cota! Unde-i restul? S-a evaporat?

Restul era partea leului, adică a benzinarului, pe care el o împărţea la gealaţii lui cu care î-şi făcea relaţiile! Aşa viaţă să tot ai. Trăiască comunismul!

În iarnă, cînd se apropiau sărbătorile, începea sezonul portocalelor şi a saloanelor pentru pomul de iarnă. Tot atunci începea şi sezonul cozilor imense, cu statul ore în şir în frig. Dacă din întîmplare veneau şi banane, atunci ieşea la iveală înrudirea omului cu maimuţa. Tot ca şi maimuţele ne certam, ne împingeam, urlam. Pentru un amărît de kilogram de banane! Atît primeam de persoană! Dacă mai era vreo rudă prin apropiere, primea şi ea un kg. Era destul pentru nişte pîrliţi ca noi! Merele erau mai bune că au mai multe vitamine. Aşa zicea Nicolae, crezînd că are de a face cu idioţi ca el, cu două clase ca trenul. Dar degeaba eram mai deştepţi intelectual cînd la ei era cuţitul şi pîinea.

Bananele erau verzi şi î-mi amintesc că le puneam pe dulap să se coacă. Cu cîtă nerăbdare le verificam zilnic dacă s-au copt! După ce se îngălbeneau puţin, în cîteva secunde le devoram de parcă eram nebun!

Da, da. Asta viaţă, nu ce-i în ziua de azi! Nici nu te întorci bine şi dai cu nasu-n bunătăţi ce pe vremea aceea erau numai în vis!

După ce că magazinele erau goale, s-a raţionat şi curentul. Venea ordinul de la judeţ „stop curentul." Cei de la staţia principală îl luau fără să anunţe. La orice oră din zi sau noapte te trezeai că se opreşte radioul sau se stinge becul fără ca tu să fii umblat la întrerupător. Veneau strigoii! Lampa cu petrol şi lumînările aşteptau să fie folosite. Era romantic, seara la lumînare, să stai la bîrfă, la poveşti. Altceva ce să faci fără curent, fără lumină? Într-un fel era bine pentru noi tineretul. Ne adunam la bancă şi ascultam radio pe lungimea de undă medie „Vocea Americii", sau „Europa Liberă." Asta era singura posibilitate să mai aflăm cîte ceva adevărat despre ce se întîmpla în afara graniţelor româneşti. De neuitat erau emisiunile de muzică din topurile internaţionale prezentate de Cornel Chiriac, care din păcate a fost asasinat de oamenii securităţii. Lista cu obiecţii negative ar continua încă mult şi bine dar mă opresc înainte de a deveni plictisitor.

Da, stimaţi cititori. Aşa a fost. Cine nu crede poate să-i întrebe pe cei în vîrstă de la 40 de ani în sus. Sîntem toţi cei care au trecut prin sita comunistă. Aşa am fost căliţi pentru viaţa din occident care nu e chiar aşa de uşoară cum o cred unii! Acum destul cu politica, trecem la lucruri serioase! În următorul capitol vă voi istorisi prima mea escapadă, o evadare. De fapt deja în uterul matern m-am plimbat doi kilometri ca să ajung la maternitate. Din copilărie am început s-o iau razna şi m-am „antrenat" ca să fiu apt pentru trecerea frontierei......

Prima evadare

De mic am avut în sînge dorința de a fi permanent în mișcare, de a pleca pe stradă, în pădure, oriunde numai acasă nu. Asta denotă că am fost un copil hiperactiv. Părinții mei au avut probleme serioase ca să mă țină în frîu. Cînd prindeam momentul, țuști pe ușă și pe-aci ție drumul. Deși știam că voi lua pe coajă de la tata nu țineam cont. Eu voiam să fiu cît mai mult liber, să umblu în natură nestingerit.

Următoarea întîmplare iese puțin din cotidinan și nu e cîtuși de puțin exagerată. Așa cum am scris, așa s-a și petrecut.

Aveam nouă ani. Eram în clasa a treia și îl aveam ca învățător pe „tovarășul" Rusu. Cei din generația mea își aduc cu siguranță aminte de el. Pentru mine era pe atunci un uriaș de 1,80 m, peste suta de kg și comunist. Dar nu pentru că-l chema Rusu. Asta era o coincidență, numele neavînd nimic în comun cu politica sau cu naționalitatea.

Era într-o frumoasă zi de sfîrșit de octombrie, cînd soarele nu-și pierduse din intensitate, pe scurt o zi frumoasă de duminică. Programul meu era deja făcut cu o zi înainte. Eu urma să merg dimineață la matineu de la ora 10. Ce film rula atunci nu mai știu. Ce mai știu e faptul că în loc să ajung la matineu am ajuns în trenul care mergea spre Sarmizegetusa. Cum am reușit? Foarte simplu. Nu vă faceți iluzii că eram beat sau drogat și nu mai știam ce fac. La nouă ani? Era și culmea!

Așteptam nerăbdător în fața casei de cultură să se deschidă casa de bilete. Uitîndu-mă prin mulțime, am văzut un coleg de clasă. El avea o plasă în mînă.

„Salut. Unde te grăbești mă? Și ce ai acolo în plasă?"

„Eii, salut Dani. Mă duc la gară. Mă grăbesc că trebuie să vină trenul și nu vreau să-l pierd. În plasă ce să am, pachetul cu mîncare."

„Ce cauți tu la tren? Unde vrei să mergi? Și penrtu ce-ți trebuie mîncare?", îl întrebai eu.

„Păi cum unde, ce tu nu știi? La Sarmizegetusa la ruinele romane. Tu nu vii? Aculși vine trenul."

„Eu n-am pachet cu mîncare. Bani nu am decît pentru film, cum să vin așa?"

„Hai bă, lasă că-ți dau de la mine mîncare și pentru tren nu-ți trebuie bilet că și așa nu ne controlează nimeni. Noi sîntem în excursie cu clasa."

„Măi, să știi că e o idee bună. Păi dacă-i așa, atunci vin și eu. Ce eu n-am voie să văd ruinele?"

Zis și făcut. M-am lipit de el și în pas vioi, am pornit-o amîndoi, spre gară. Pe peron erau deja colegii de clasă și doi părinți care trebuiau să aibă grijă de noi. Nimeni nu m-a întrebat de sănătate așa că totul era bine. A sosit trenul și am urcat toți la vagonul de clasa a doua. După ce mecanicul dădu un semnal răgușit cu sirena, începu dinozaurul de fier să scoată aburi pe toate găurile și un fum înecăcios de cărbuni pe coș.

Cu sforțări și scrîșnituri din toate încheieturile, după o smucitură zdravănă, pornește în sfîrșit trenul foamei în direcția ruinelor ce se aflau la circa 40 de kilometri.

Zguduiți în toate direcțiile și cu ochii plini de funingine de la fumul de cărbuni ce intra de pe geam, înaintam cu pași mici spre țelul nostru. Locomotiva era de construcție germană din anul 1928. Deci, lucru nemțesc ce ține mult și bine. Problema se complica însă pentru că după vreo 20 de kilometri venea porțiunea cea mai dificilă în sensul că înclinația căii ferate era din ce în ce mai mare. Pentru ca trenul să poată urca, nemții au construit un sistem special de ajutorare al locomotivei. Între cele două șine au mai fixat o a treia șină ce era dințată. Locomotiva era și ea dotată cu o roată dințată pe axa din față, care se potrivea exact cu șina. În felul ăsta roțile locomotivei nu mai aveau cum să patineze. Fără acest sistem nu ar fi putut să urce nici măcar vara, ca să nu mai vorbim de iarnă. Cap de neamț, nu de berbec!

Deja din anii 30 funcționa cu succes această invenție genială. Urcușul se termina printr-o trecătoare ce leagă Banatul de Transilvania numită Porțile de fier ale Transilvaniei. Am trecut cu bine dealul și am luat-o la vale spre Sarmizegetusa. După vreo oră de mers în ritm de melc, am ajuns în sfîrșit la destinație.

Această localitate adăpostește vestigiile unei cetăți de pe vremea romanilor. Aici au instalat romanii în anul 106, după învingerea dacilor, capitala provinciei numită Ulpia Traiana Sarmizegetusa, cîndva o cetate impozantă, acum o ruină. E și normal să fie așa, după aproape două milenii. Încă mai erau porțiuni de zid întregi, ceea ce dovedește ce tehnică deosebită de construcții era pe vremea aceea!

Dar pe noi nu ne preocupau prea mult zidurile și nici măcănelile ghidului turistic de la cetate. Noi căutam monede! Auzisem că au o valoare mare. Cu siguranță ne așteptau chiar pe noi monedele de aur ca să le culegem! Prostii copilărești, dar asta e. Încet se apropia prînzul. Toată lumea scoase plasele cu mîncare și apă. Eu ce să scot că nu aveam nimic la mine! Dar fiind român, m-am descurcat, luînd cîte o înghițitură de pe la colegi. Ai mei acasă, habar nu aveau ce bine î-mi mergea mie!

Bineînțeles că lor nu le-am spus nimic. Nu mai era timp, pentru că pierdeam trenul! Numai ei știu ce spaimă au tras. În schimb, eu nu aveam gînduri pentru ei. Eram bucuros că am văzut ruinele.

Zilele în Octombrie sînt mai scurte. Încet se apropia seara și o dată cu ea și plecarea noastră spre casă. Eu eram fericit că am avut ocazia să mă joc între ruinele unei cetăți așa de vechi și nu eram deloc dezamăgit că nu găsisem nici o comoară, nici măcar o monedă. Cu toții am pornit spre gară, am urcat în tren și pe aici ți-e drumul. Din nou cu zguduituri și smucituri în toate direcțiile și cu aerul îmbîcsit de fum de cărbuni.

A venit și controlorul de bilete. Eu eram incognito. Pe neve, cum se zice la poker. De unde să am eu bilet de tren? Nevoie!

Acum aveam o problemă. Ce să fac? Nu aveam nici bani la mine, eram al nimănui. Controlorul zicea că la următoarea stație mă dă jos din tren. Eu am început să plîng! Atunci mama unei colege i-a plătit ceva omului, scăpîndu-mă de necaz. Totul în regulă. Am ajuns cu bine în gară la Oțelu Roșu. Pe peron plin de lume. Părinții veniseră să-și ia odraslele. Prin mulțime i-am zărit și pe ai mei care erau foarte agitați. Cum să nu fie, dacă prostu plecase fără să spună ceva și deja trecuse o zi întreagă fără un semn de viață!

Am coborît din tren și imediat m-a luat mama în brațe, m-a strîns și m-a sărutat. A urmat mătușa. Era și tata, numai că el nu m-a sărutat, ci doar m-a strîns de mînă și hai acasă. Erau toți bucuroși că nu m-i s-a întîmplat nimic rău. Toți au căutat după mine. Tata a fost de dimineață și la poliție. Nici poliția nu avea de unde să mă ia, cînd eu eram ascuns prin ruinele romane și căutam comori! Totuși s-au liniștit puțin, după ce tatăl meu s-a întîlnit cu tata unui coleg și l-a întrebat dacă nu cumva m-a văzut. El i-a spus că fiul său e în excursie și că probabil m-am dus și eu cu ei, pentru că m-a văzut la gară dimineață. Deci toate speranțele se puneau în trenul care venea seara. Și minunea s-a adeverit, că eram și eu acolo. Acasă a fost ok dar a doua zi la școală am avut un șou cu „prietenul meu" învățătorul Rusu.

Nici bine nu a intrat în clasă și mă chemă în față la el.

„Măi măgarule, unde ai fost tu ieri?"

„Unde să fiu tovarășul învățător? În excursie la Sarmizegetusa!", am răspuns eu foarte senin.

„Hm. Așa deci? Păi și cum ai plecat tu așa tam nesam? Și nici măcar nu ai plătit"

Am dat să răspund dar nu am mai reușit pentru că am încasat rapid o palmă peste urechea dreaptă! Parcă m-ar fi lovit trenul!

Eu ce să mai răspund, că vedeam stele verzi și nici nu mai știam pe ce lume sînt. Malacul avea niște palme ca lopata lui Stalin.

Nu a fost destul palma, m-a mai prins și de ureche și m-a zguduit în toate direcțiile.

„Măi nenorocitule! Păi cum pleci tu așa de acasă fără să spui cuiva? Tu vrei să mă bagi pe mine în pușcărie? Și te duci în excursie fără să plătești? Da cine te crezi tu măi, dobitocule?"

Și mă apucă iar de ureche, trăgînd de ea pînă a început să sîngereze. Nu le-am spus părinților mei nimica de frică să nu mai iau și acasă pe piele. Pe vremea aceea nu discutai cu învățătorul sau profesorul. Te pocnea de-ți săreau capacele din orice nimic. În ziua de azi sînt pocniți profesorii de elevi. De aia și sînt așa mulți elevi „eminenți".

Avem în patrimoniul național multe proverbe printre ele enumerîndu-se și acesta:

„Așchia nu sare departe de trunchi" sau „cum e turcu și pistolul."

Și pot să vă spun din proprie experiență că ele sînt adevărate. De ce spun treaba asta? Pentru că am pățit-o și eu cu fata mea aici in Germania. Ea avea pe atunci aproape șase ani și mergea încă la grădiniță. Eu o duceam cu mașina. Și eu mi-aș fi dorit să mă ducă cineva la grădiniță cu mașina. Din păcate a trebuit să merg cu mama sau cu bunica doi kilometri dus, doi întors. Dar să revenim.

Pe vremea aceea lucram ca și curier pentru piese auto și privat aveam o spălătorie chimică. Unor clienți buni le duceam hainele acasă. Așa și în acea dimineață. Am trezit fata, i-am spus că mă duc cu hainele și că vin imediat înapoi. Ea să se îmbrace între timp și să mă aștepte. Totul nu a durat mai mult de 10 minute. M-am întors acasă și am strigat fata să mergem la grădiniță. Dar ea nu-mi răspundea. Am căutat-o în toate camerele. Am întrebat vecinii. Nimeni nu știa nimic și nu a văzut-o. Eram total disperat! Ce să fac? Și unde să o caut? Mă gîndeam că fiind aproape de șosea o fi ieșit pe afară și o fi luat-o vreun criminal în mașină. Eram la pămînt și mă blestemam singur de ce am plecat de acasă! Doar puteam să rezolv după ce o duceam pe fată! Toate aceste gînduri nu mă ajutau însă cu nimic, ci doar înrăutățeau situația. Ce să fac? La ora nouă trebuia să fiu la lucru. Cum să mă duc dacă nu-i fata! Am sunat la șeful meu și i-am istorisit problema. El încerca să mă liniștească și mi-a spus să-l aștept că vine și el s-o căutăm împreună. Stăteam ca pe ace! După vre-un sfert de oră apăru șefu. Am urcat la el în maşină şi am dat o fugă la grădiniţă. Asta era ultima speranţă! Pe drum ne uitam în stînga şi în dreapta, doar, doar o vedem. Nici urmă de ea! Din păcate nu era nici la grădiniţă. Deci se rupsese şi ultimul fir de aţă de care mă mai puteam agăţa! Eram gata ca bateria şi şefu zicea că arăt ca o stafie. Cum puteam să arăt altfel, că eram distrus! Chiar cu cîteva zile înainte vizionasem un reportaj la televizor despre un caz de dispariţie a unei fetiţe. Eu î-mi făceam în minte scenarii cu filme de groază. Cum să mai gîndeşti clar, cînd ţi-ai pierdut orice speranţă? La un moment dat zise şefu către mine:

„Daniel, nu ne rămîne altceva de făcut decît să mergem la nevastă-ta la servici. Îi spui şi ei că fata nu-i de găsit şi după aia mergem la poliţie să o anunţi dispărută."

Mie î-mi venea să intru în pămînt de necaz şi mă certam în gînd:

„Cine naiba m-a trimis pe mine cu blestematele alea de cămăşi! Cum să mă duc eu în faţa soţiei şi să-i spun că fata nu mai e de găsit? Mă fac de miru lumii! Nu-s în stare nici să am grijă de un copil!"

Ca un moşneag pribegit, am intrat împreună cu şefu meu pe poarta spitalului, după aceea în lift.

Î-mi tremurau picioarele de parcă aş fi fugit maraton. După ce ieşirăm din lift, ne-am îndreptat spre biroul unde erau surorile. Acolo era şi nevastă-mea. Nici nu ştiam cum să încep. Ea m-a văzut, a venit spre mine şi m-a întîmpinat cu zîmbetul pe buze. Foarte lejer mi-a spus că fata se joacă aşa de frumos şi că-i place foarte mult aici cu pacienţii. Ea era relaxată, pe cînd eu de-abia mă ţineam pe picioare. Am fugit repede în sala unde era fata, am luat-o în braţe, am strîns-o şi am sărutat-o. Ea săraca era direct speriată. Ce o fi cu mine că mă manifest eu așa?

După aceea mi-am dat seama, ce le-am făcut eu alor mei cînd am plecat de-a proasta la Sarmizegetusa! Acum știam ce au simțit părinții mei și cum s-au perpelit săracii o zi întreagă și nu doar o oră ca mine!

Mi-am luat rămas bun de la nevastă, am luat fata, am intrat în lift și acolo m-au lăsat picioarele. A trebui să mă pun jos cîteva secunde. Atunci de-abia am simțit șocul. Am dus fata la grădiniță și apoi am plecat la lucru.

Cum a ajuns ea la spital? Explicația e următoarea:

Ea fiind adormită, nu a înțeles ce i-am spus eu, că mă întorc imediat. După ce eu am plecat, ea s-a îmbrăcat și m-a căutat. Văzînd că eu nu sînt, a ieșit la șosea și s-a îndreptat spre centrul satului. A ajuns la intersecția principală și acolo nu a mai știut încotro s-o ia. Nemaiștiind ce să facă, s-a așezat pe o bancă și a început să plîngă. O femeie mai în vîrstă trecînd pe lîngă ea și văzînd-o că plînge, a întrebat-o de ce plînge. Ea i-a spus că eu am plecat și că ea mă caută, dar nu mă găsește. Noroc că știa unde lucrează mama și i-a spus bătrînei. Femeia a luat-o de mînă și a mers cu ea la spital, predînd-o la nevastă-mea. Soția a fost total surprinsă știind că eu sînt acasă și că duc fata la grădiniță. Dar fata în loc să fie la grădiniță, vine o străină și i-o dă ei în primire! Mare noroc că femeia a fost de treabă. Dumnezeu s-o aibă în pază și s-o ocrotească.

Ce să faci, asta-i viața cu surprizele ei, mai multe neplăcute decît plăcute. Aș fi văzut eu fata pe drum, dar erau două posibilități de a ajunge acasă. Ea a luat-o pe un drum, eu m-am întors pe celălalt și de aceea nu ne-am întîlnit.

Dar, totul e bine cînd se termină cu bine. Așa s-a terminat și această aventură fără urmări deosebite. În următorul capitol voi încerca să vă rețin atenția cu cîte ceva din perioada de școlarizare.

Școala comunistă

Deși era sărăcie, totuși pentru familiile în care amîndoi partenerii lucrau, exista posibilitatea de a lăsa copii în supraveghere. În Germania, care e o țară mult mai dezvoltată și bogată ca România, această posibilitate, de a lăsa la creșă copii e minimală. Din punctul ăsta de vedere, pe vremea aceea România era în față. Condițiile în creșe erau precare. Dar copii erau supravegheați și primeau mîncare pentru o sumă relativ mică.

Grădinița nu era obligatorie. Era însă bună pentru a învăța de mic cum să trăiești în comun(ism).

Partea proastă a lucrurilor, era că pînă la grădiniță eu aveam de mers vreo 2 km. Mai circulau și autobuzele dar și pînă la stație aveam aproape 1 km. Din grădiniță începea educația comunistă și în primul rînd de la ținută. Toți eram la fel îmbrăcați cu o uniformă. Deja denumirea spune totul: uniform = toți la fel.

Uniformele erau de culoare verde. Băieții cu pantaloni și fetele rochiță, ciorapi albi și cordeluță albă. Din punct de vedere al disciplinei eu nu prea le aveam. Făceam mulți draci fiind un copil neliniștit. Săraca educatoare, avea probleme cu mine să mă țină în frîu. Deși au trecut mulți ani de atunci, î-mi aduc aminte de o întîmplare hazlie petrecută în acea perioadă. Nu știu exact ce am făcut dar eram la colțul de rușine. Cine făcea prostii era pus la colțul de rușine și trebuia să stea acolo pînă î-i permitea educatoarea să treacă la loc. Ce mi-a trecut mie prin cap? De plictiseală mi-am deschis șlițul de la pantaloni și am scos cămașa afară. M-am întors către clasă ca să vadă toți. Bineînțeles că cei care au văzut s-au agitat și rîdeau. Educatoarea nu vedea că era cu spatele. La un moment dat, larma s-a intensificat și unii arătau spre mine.

S-a întors ea și m-a văzut. Imediat a venit și m-a certat rău de tot.

„Ce faci tu aici? Nu ție rușine măgarule. Ia bagă imediat cămașa înăuntru și închide-ți pantalonii. Păi ce aici ești la toaletă? Să-ți fie rușine! Am să-i spun mamei tale ce prostii faci tu!"

„Ach, na și ce-i dacă? Puteți să-i spuneți că și așa nu-mi face nimica", și am fugit la loc. Drăcușor de copil!

Școala începea în 15 septembrie și toți eram la uniformă, de culoare bleumarin. Fetele cu rochii de culoare albastră ciorapi albi și cordeluță. Totul ordonat și curat. În perioada anilor 60-70, școala în România era organizată în două mari perioade. Școala generală ciclul unu, din clasa întîia pînă într-a patra și ciclul doi, din clasa cincea pînă într-a opta. Opt clase erau obligatorii. Atunci urma perioada de specializare.

Erau mai multe direcții în care te puteai hotărî să înveți mai departe. Puteai să faci 10 clase, liceu teoretic, silvic, sau industrial. Cei care voiau să cîștige bani mai repede mergeau la meserie, la școala profesională timp de 3 ani. După aceea dacă voiau să se mai cultive, mergeau la cursurile de seară, la liceul seral.

În anul 1973 s-a înființat și la Oțelu Roșu, Liceul Industrial Metalurgic.

Durata era de cinci ani avînd posibilitatea de a învăța carte și meserie în paralel. Nu era rău, doar că se dădea examen de admitere și eu nu eram printre elevii eminenți. Totuși am reușit să iau examenul, chiar dacă la coadă, printre ultimii. Am fost mîndru, pentru că eram șase candidați pe un loc.

Vacanțele erau și ele parte a școlii, de fapt cea mai frumoasă perioadă și erau sezonale. Aveam prima vacanță în iarnă două săptămîni, a doua era cea de primăvară tot de două săptămîni. Cea mai lungă și frumoasă era cea de vară din 15 iunie pînă la 15 septembrie. Trei luni de boierie, baie, lenevie. Asta teoretic pentru că totuși nu erau chiar libere. Primeam teme de casă la matematică și română ce trebuia să le prezentăm în toamnă. La matematică erau probleme din culegeri, la română rezumate, lecturi. Trebuie să spun că nu a fost deloc greșit. Eu pot să fac o comparație între cele două sisteme de învățămînt, cel românesc și cel german. În România s-a făcut carte mai bine ca aici. Elevii în Germania tot la două luni au vacanță și nu fac nimic. Stau numai cu nasul în televizor sau la computer. Eu am făcut aici o școală de specializare și am rămas surprins ce slab stăteau cu matematica colegii mei germani. Erau mult mai tineri ca mine. Păi să nu știi tu, absolvent de liceu, nici măcar teorema lui Pitagora, prin care se calculează aria și laturile triunghiului? Asta e strigător la cer! Și eu măgar bătrîn, ce terminasem școala în urmă cu 20 de ani, visam matematica și mă lăuda proful. În schimb eram slab la computer. Ei mă băgau în buzunar aici și ăsta era avantajul lor.

Dar acum să trec cronologic la subiectul pe care m-i l-am propus, școala mea.

Eu am avut ghinionul să fiu din clasa a cincea, într-o clasă unde diriginții se schimbau cum schimbă țiganii caii. Pe lîngă asta i-am primit și pe cei mai severi profesori. Problema era că generația mea a fost o generație cobai. S-au făcut clase numai de băieți și numai de fete. Era prima dată în istoria învățămîntului românesc cînd s-a făcut așa o tîmpenie. Vă dați seama ce haos a fost acolo cu 30 de nebuni adolescenți!

Încep cu clasa a cincea.

Notele se treceau în carnetul de elev pe care trebuia să îl prezentăm părinților și ei să semneze de luare la cunoștință. Unii elevi, mai slabi la învățătură, scriau note fictive în carnet ca să nu aibă probleme cu părinții sau aveau două carnete. Nu știu cum se notează acum, dar la noi erau notele de la unu la zece. Tot ce era sub cinci era notă rea. Într-o zi am luat un patru la geografie și de ciudă am dat cu carnetul de elev de podea și l-am călcat cu piciorul. Asta în timpul orei. Am și avut „norocul" să mă vadă profesorul și m-a cheamt la catedră la el:

„Măi elev, ia vino tu aici în față la mine puțin. Ce-ai făcut tu adineauri? Ai dat cu carnetul de podea?

Unde-i? Ia să-l văd."

Și eu i-l dau că, ce era să fac, el era șefu.

„Măi tîmpitule! Păi tu l-ai și murdărit călcîndu-l cu piciorul? Carnetul de elev e un act important de care toți trebuie să aibă grijă. Și ce faci tu? Nu mai ești în toate mințile sau ce-i cu tine? Na lasă că am să-ți dau eu o lecție de o să te usture. A doua oară nu ai să mai calci tu carnetul. Te calc eu acuma ca să vezi și tu cum e!"

Bănuiam eu ce vine. El se îndreptă către tablă, de unde luă renumitul indicator de lemn, un băț cam de un metru lungime, gros de un deget și se apropie de mine.

„Așa băiete. Acuma să vedem dacă te-ai spălat tu pe mîini astăzi. Ia întinde mîna dreaptă la control cu palma în sus."

Eu eram sigur că el î-mi v-a da cu băţul peste ea şi eram pregătit. El ridică indicatorul şi dădu să mă lovească peste palmă, dar eu am tras mîna şi el a dat în gol. Atunci să vezi rîs în clasă! Toţi rîdeau, chiar şi eu.

„Aha, deci te ţii deştept nu? Na stai că te aranjez eu. Dacă nu ţii palma cum trebuie şi din nou o tragi, te pun cu burta pe catedră, î-ţi trag jos pantalonii şi te bat la fundu gol de o să se rîdă toţi de tine. Şi să vedem dacă î-ţi mai arde ţie atunci de rîs."

Imediat m-i s-a oprit rîsul în gît şi mă gîndeam:

„Orice numai asta nu. Să-mi dea cu băţu ăla greu la cur în faţa clasei! Mai bine ţin mîna."

Şi am întins mîna. Cînd a dat, m-a prins în plin! Eu era să fac pe mine de durere. El era şi nervos că s-a făcut de rîs în faţa copiilor şi a dat fără milă.

„Asta a fost pentru carnet. Ia ţine şi mîna stîngă pentru că ai rîs", zise el.

Şi pac..una şi la stînga! Eu nu mai primeam aer de durere. Parcă dădea într-un sac. Două lovituri au fost de ajuns ca să mă facă invalid pe cîteva zile. Palmele s-au învineţit. Nici degetele nu le puteam îndoi fără să mă strîmb de dureri. De atunci m-am lecuit de prostii din astea. Cît timp el mi-a fost diriginte, noi doi nu am mai avut tangenţe.

În mod normal, trebuia să avem din clasa a cincea pînă într-a opta un diriginte. La noi în schimb s-au perindat patru diriginţi. Toţi au aruncat prosopul ca la box pentru că i-am făcut ko.

Nimeni nu avea cap cu noi. Numa draci făceam. O aventură ce mi-a rămas întipărită în memorie o voi povesti acum. Eram în clasa şaptea spre sfîrşitul lunii mai. O vreme foarte călduroasă și aveam ore de după masă de la ora 13:00.

Mai aveam trei săptămîni pînă la vacanța. Păi ce, noi am înebunit să stăm la ore pe căldura asta? Apa din rîul Bistra era numai bună de scăldat. Am vorbit cu încă trei colegi și am hotărît să nu mergem la primele trei ore. Aveam o oră de română și două ore de matematică cu diriginta noastră. Deci, vreo două ore bune ne-am îmbăiat de toată minunea. Atunci am hotărît totuși să ne ducem la școală. După aceea aveam o oră cu un prof de care ne era frică. El ne dădea la degete dacă nu erau unghiile tăiate și aranjate. Avea el clienții lui pe care-i punea să țină degetele „bobocel."

Asta însemna, toate degetele lipite împreună și chiar că aveau forma unui boboc de trandafir. După ce el î-ți dădea cu liniarul peste ele de cîteva ori, primeau și culoarea adecvată. Erau roșii, ca bobocii de trandafir.

Deci, hai la școală. Am apărut și noi la ultimele două ore. Totul a decurs fără probleme în ziua aceea. A treia zi, la matematică ne-a scos profa pe noi, cei patru mușchetari care lipsisem la ora ei, în fața la tablă și ne-a luat la întreabări unde am fost noi cu două zile înainte. Și cum se poate că numai la ea și la română am lipsit dar la celelalte ore nu eram trecuți absenți.

I-am spus că am fost la baie că era prea cald pentru matematică.

„Așa deci! Aha, voi nu ați avut chef de matematică! Na păi bine. Atunci ia să vedem ce cunoștințe aveți și cît a-ți învățat voi pentru azi."

Și ne întrebă din ceea ce s-a făcut în ziua cînd noi am lipsit. Eu am învățat ceva. Parcă am presimțit ce va urma. Ceilalți în schimb erau tămîie. Eu am luat nota șapte, restu toți nota trei. Toți au rămas corigenți la mate. Prețul plătit pentru baia în Bistra a fost cam mare și ei în loc să se scalde în vacanță au trebuit să învețe pentru corigența din toamnă. Eu am fost mai isteț și am scăpat.

La purtare, se dădea o notă pentru comportarea în general. Nota a fost la mine tot timpul afectată și s-a menținut între șase și opt. Nu trecea trimestru fără să am absențe nemotivate. Mie î-mi era foarte indiferent și nu mă agitam pe tema asta.

Din clasa a cincea, se dădea cravata roșie și erai declarat pionier, fie că erai de sex masculin sau feminin. Era ca o recompensă pentru notele bune obținute la învățătură și purtare. Din clasa a opta se trecea la uniforma bleumarin și erai automat preluat în UTC. Aceste trei litere, UTC, erau prescurtarea de la „uniunea tineretului comunist." Eu am fost unul dintre rebelii ce nu vroiau să intre în această uniune. Din păcate m-au băgat obligat-forțat și mi-au dat și mie carnetul roșu în clasa a noua. La liceu am plutit printre cei de la coadă, dar am reușit să termin cei cinci ani. Este o vorbă care se potrivește la mine:

„brînză bună în burduf de cîine."

O întîmplare petrecută în anul trei mi-a rămas întipărită în memorie. Pe atunci se dădeau teze, la materiile importante. Urma teza la română. Nu prea aveam eu chef să învăț și mi-am zis:

„Ah, î-mi fac fițuici și mă descurc eu. Nu mai mă pun acu să învăț. Am note bune și nu mai are ce să m-i se întîmple."

Zis și făcut. Mi-am confecționat cîteva fițuici. S-au dau subiectele, două la alegere. Din două, eu nu știam aproape nimic și mă tot foiam în bancă să prind momentul ca să scot fițuica și să copiez. Profesorul stătea sprijinit de catedră cu fața la noi și ne urmărea. La un moment dat s-a întors să caute ceva prin mapa lui. Eu am băgat mîna rapid în buzunar și am scos fițuica. Din păcate nu puteam să mă uit cu un ochi la el și cu unul pe hîrtie. El m-a observat și a venit spre mine. Eu eram concentrat la fițuică. L-am văzut că vine spre mine! Am băgat repede fițuica în buzunar dar prea tîrziu. Știam că aici s-a încheiat teza pe acest trimestru. Problema era ce notă o să primesc! Pentru copiat se dădeau notele de unu, doi sau trei. Cu unu eram corigent. Cu doi sau trei nu era problemă. De fapt era trimestrul doi și mai aveam timp în ultimul să scot nota dacă era necesar. Nu am avut niciodată probleme la limba română pentru că-mi plăcea și eram printre cei buni. Doar atunci nu știu ce am avut că nu am avut chef de învățat. El veni la mine și zise:

„Domnu student ce faci aici? Stai pe loc și nu mișca. Ia să vedem ce ai în buzunar?" și băgă mîna scoțînd hîrtia cu notițe.

„Ce-i asta domnu student? Fițuică? Te rog să predai caietul și pentru dumneata s-a încheiat aici teza pe trimestrul acesta. Poți să părăsești sala dar dacă se poate în liniște, fără să-i deranjezi pe colegi. Pentru azi ai nota trei."

Eu numai că n-am sărit într-un picior de bucurie. Trei era perfect! Totul adunat și împărțit, î-mi ieșea media peste șase. Nici o problemă! Așa s-a încheiate această acțiune.

Ce-mi trece mie trimestrul următor prin scăfîrlie:

„Ia să i-o fac eu lu domn profesor și să-i trag o farsă la teza care urmează."

De data asta m-am pregătit și am învățat așa cum trebuia. Veni și ziua cînd să dăm teză. La fel, erau două subiecte la alegere. Începu fiecare să scrie ce știe. Eu știam de data asta aproape totul. Din cele 50 de minute ce le aveam la dispoziție trecuseră vreo 40. Eu de fapt terminasem lucrarea dar nu am vrut să predau caietul. Acum era momentul să mă răzbun.

Ca și la teza anterioară am băgat mîna în buzunar și scotoceam, pînă profesorul mă observă și veni repede către mine.

„Ia să vedem domnu student, ce ai aici în buzunar?" și bagă mîna scoțînd hîrtia.

„Așa deci. Nu te-ai învățat minte. Acum iar te-am prins la copiat!"

Toată clasa era cu ochii pe noi. Trimestrul trecut știau toți că am fost prins și probabil că mulți gîndeau că iar nu am fost destul de vigilent și m-a prins cu mîța în sac. Eu eram relaxat și l-am întrebat:

„Tovarășul profesor, să fie oare fițuică? Nu vreți să verificați ce notițe sînt scrise?"

Pe hîrtie nu erau notițe pentru teză, ci era scris de mine un text pe care el îl citește cu glas tare în fața clasei:

„De data asta, din păcate nu m-ați prins!"

După ce dînsul termină de citit, izbucni o epidemie de rîs ce cuprinse toată clasa.

Bineînțeles că treaba asta mi-a afectat din nou nota la purtare. Aici nu puteam să rămîn corigent. Așa am rămas în amintirea multor colegi ca un drac împielițat. Nimeni nu făcuse așa ceva pînă acum. Toți băieții erau pe lîngă mine și eu mă comportam de parcă eram un pașă. Cine era ca mine! Aveam cu ce să mă dau mare! Prostii de adolescent!

La întîlnirea de 25 de ani de la terminarea liceului, ne-am adus aminte și am rîs cu poftă de această întîmplare.

Noi, generația mea, pot spune că am avut amintiri frumoase din anii de liceu. Anii 70 nu au fost așa de critici ca și anii 80 cînd criza a început în adevăratul sens al cuvîntului.

În fiecare an se țineau negeile sau rugile, așa se numesc în Banat. După Paști începeau aceste sărbători care de obicei se țineau cînd în calendarul ortodox era cîte un sfînt. Prima era de Sfîntu Ion, sau de Bobotează, pe 6 ianuarie. Din aprilie pînă în toamnă se ținea în fiecare lună cel puțin cîte o rugă. Eu fiind un pasionat al muzicii nu puteam lipsi. Seara se aduna lumea la horă, cu muzică live. Suflau țiganii in taragot de l-i se umflau bucile mai să plesnească. Dar era o plăcere să-i asculți. Eu nu mă omoram să joc, ci eram cu ochii după fete.

La ora 22:00 era gata jocu și la 23:00 începea discoteca. După joc se mergea acasă la cunoștințe, la mîncare și băutură.

Că erai invitat sau nu, tot mergeai. Nu te arunca nimeni afară, decît dacă erai beat și făceai scandal. Și eu m-am dus uneori nefiind invitat. Dar dacă î-mi era foame și sete ce să fac? De cumpărat nu găseai decît cocoși și dulciuri. Alea nu țineau de foame și costau bani. Trebuia ceva să umple golul din stomac și dacă mai era și de gratis, păi numai să fii prost să nu profiți. Eu aveam în clasă destui colegi de pe sate. Cam din fiecare sat unde era rugă aveam cel puțin un coleg la care mergeam să-mi fac plinul.

Toată acțiunea dura trei zile. Așa cum era, sărăcie, dar la rugă trebuia să fie pe masă de toate. Prima zi era de obicei mai puțină agitație dar totuși eu mergeam. A doua zi veneau puhoaiele de nebuni, pe jos, cu biciclete și cei mai mulți cu trenul. Ziua a treia era normal rezervată pentru neamuri. Eu fiind prezent în primele două zile, eram automat încadrat ca de al căsii și nu aveau cum să scape de mine.

O întîmplare deosebită și de care î-mi aduc cu drag aminte, este ruga de la Voislova din anul 1975. Eram anul doi la liceu și aveam în clasă un coleg care a invitat toată clasa la rugă! Săracu, nu știa el ce-l așteaptă. La Voislova era rugă în fiecare an de Sfîntul Mihai în 26 Octombrie.

A venit și ziua de 26. Bine, atunci hai la negee!

M-am urcat în trenul de Bouțari, și șotînc, șotînc în direcția Voislova. Trenul era sub toată critica. Murdar, scaunele tăiate, țigări pe jos, totuși noi îi spuneam expresul de Bouțari. De ce? Nu știu că numai a expres nu arăta, dar așa i-a rămas numele. După o jumătate de oră am ajuns în Voislova. Trenul ajungea ceva înainte de ora 19, perfect pentru o cină copioasă. Numai că eu nu eram singurul care gîndea așa. Pe tren cu mine mai veniseră încă vreo 12 colegi de clasă. Cîțiva profesori veniseră mai devreme cu mașina și erau deja la masă. Deci, să zicem cam vreo 15-16 persoane din afară, care trebuiau hrănite.

Bineînțeles că nici unul nu a rămas flămînd sau setos. Părinții colegului nostru, nu și-ar fi permis să se facă de rîs mai ales față de profesori. Așa că masa a fost plină cu toate bunătățile. Pînă să vină supa, curgea țuica sau răchia, cum îi zicem noi în Banat.

După vreo două, trei păhărele de țuică bună, noi copilandri, deja începeam să avem curaj, dar mațele ghiorăiau de foame. Alcoolul e doar aperitiv și dacă nu mănînci nimic se urcă la cap. Aşa a şi fost. Maistrului nostru i s-a urcat ţuica la cap. Era un bărbat „bine" aşa cam la 1,65 m, mai lat decît înalt.

Pentru că el venise cu profesorii deja cu două ore înainte, avea la bord şi începuse să vorbească mai mult. Noi eram toţi la masă şi dintr-o dată auzim un ţipăt disperat de femeie! Profesoara noastră de germană se ridică brusc de pe scaun şi începu să-l certe pe maistru. Ce se întîmplase? El din neatenţie a vărsat paharul cu ţuică pe rochia ei.

„Au doamneeee, ce s-o întîmplat copii. V-ii rău, sau v-aţi lovit careva?", întrebă mama colegului.

„Nu domnă. S-a răsturnat paharul cu ţuică. Nu e nimic deosebit. Băieţi haide-ţi să ieşim puţin la aer cu el", zise proful nostru de istorie. Am încercat să-l ridicăm de pe scaun şi să-l ducem afară, dar maistrul ce să vrea să iasă!

„Băi rahat în ploaie, păi tu elev pui mîna pe mine mă? Păi dacă te trosnesc cu dreapta, peretele î-ţi dă una din stînga! Luaţi mîna de pe mine mă că vă omor. Ce vreţi mă? Vreţi bătaie?"

Voind să se ridice de la masă, s-a dezechilibrat şi a căzut pe spate cu scaun cu tot cu picioarele în sus! Toată lumea pufni în rîs. Totuşi nu ne mai ardea de rîs cînd am văzut cît de nebun era. Dădea numai din mîini pe sub masă şi nu mai era în stare să se ridice. Cu chin cu vai am reuşit şase inşi să-l ridicăm şi să-l scoatem din cameră. El mai încerca să dea cu mîinile dar noi î-l aveam sub control. Nu mai avea el prea multă forţă după ce luase o probă de podea cu ţeasta.

„Hai că mergem la discotecă să agăţăm acolo ceva fetiţe."

Așa l-am prostit și a mers cu noi pînă la căminul cultural unde era discoteca. Acolo l-am pus să plătească intrarea pentru toți șapte și am intrat în sală. Era destul de plin pentru ora aceea. L-am lăsat pe el să stea pe scaun. După nu mult timp, adormi ca un bebeluș.

„Doamne ajută că în sfîrșit s-a liniștit", am respirat noi ușurați și ne-am împrăștiat prin sală. La scurt timp s-a stins lumina și DJ pune o dedicație cu Deep Purple „Child in Time", o piesă lentă. Pe vremea aceea era disco de-abia în stagiul de copilărie. Din 1976 o dată cu cîștigarea festivalului Eurovision de către grupul suedez ABBA, a pornit cu adevărat muzica disco. Deci o piesă lentă și băieții invitau fetele la dans. Am găsit și noi fiecare cîte una. Am dansat, s-a terminat piesa și s-au aprins luminile.

Ne-am dus să ne uităm de maistru dar el nu mai era pe scaun. Ne gîndeam că i s-o fi făcut rău și a ieșit afară la aer. Într-un colț de sală erau cîțiva asistenți și ceva tumult. Hai să vedem și noi ce se întîmplă acolo.

Și cine să fie acolo ca actor principal? Maistrul. El era în conflict cu un domn și î-l luase pe bietu om de cravată, mai să-l sugrume!

Noi am sărit repede și l-am tras de acolo la o parte.

L-am luat pe sus și l-am transportat afară la aer. Ăsta parcă era nebun! Înjura și voia să intre iară în cămin, să-l omoare pe om. Cu chin cu vai l-am liniștit și patru colegi l-au dus acasă și l-au băgat în pat unde a picat ca un erou la datorie.

Eu și încă un coleg ne-am întors să vedem ce-i cu celălalt, cu adversarul. Bietul om î-și căuta pe sub scaune pălăria care îi zburase de pe cap. Nici nu știu de cîte ori s-a mulțumit la noi și ne-a oferit țigări „Kent" scumpe pe vremea aceea.

Uitîndu-mă mai bine la fața lui, am recunoscut tatăl unei foste colege de școală primară.

„Ce a-ți avut domne că v-ați încăierat aici?"

„Doamne Daniel! N-am avut nimic cu el. Nici nu l-am văzut în bezna aia cum trebuie. Doar am văzut că vine spre mine și mă invită la dans. Bineînțeles că l-am refuzat, că doar nu am să mă fac de rîs aici. Mă cunoaște atîta lume! Ce să gîndească toți despre mine, că-s homălău? Eu sunt doar însurat și tu știi cine-i fata mea că ai fost cu ea în clasă."

Explicația era că maistrul s-a trezit brusc și pentru că era o piesă lentă voia și el să danseze. Dar toate partenerele erau ocupate și el nu a mai făcut deosebire, încercînd să-l ia la dans pe om. Acesta refuzîdu-l, el s-a enervat și neajungînd la el la gît pentru că era prea scund, l-a luat de cravată și era să-l sugrume. Bietul om, nu mai termina cu mulțumirile:

„Copii, nu știu cum să vă mulțumesc că a-ți luat nebunul ăsta de pe capul meu. Nici nu mai primeam aer așa tare a tras de cravată! Doamne ce bine că m-ați scăpat, că ăsta mă omora! E tare al dracului piticu!"

Da, așa cu omul nostru. Istoria însă nu se termină aici. Pe la patru dimineața am plecat de la cămin toată trupa de nebuni. Eram vreo 15 și ne-am dus acasă, să mai bem și să mîncăm resturile de la gazda noastră. Fiind duminică, nu aveam școală. Am ajuns terminați de frig și oboseală. Am mîncat, am mai băut noi cîte ceva și la un moment dat am întrebat eu:

„Mă fraților da unde-i, proful de istorie?"

Parcă am dat cu bomba! Nimeni nu știa nimic de el. Ce s-o fi întîmplat cu ăsta? Unde e? Noi văzusem că și el era cam curentat de la țuică, dar el era la băutură tăcut ca melcul. Unde-l puneai acolo stătea. Nu avea nimeni treaba lui.

„Măi oameni, haide-ți să-l căutăm că o fi căzut prin curte și-l găsim țeapăn dimineața."

Era sfîrșit de octombrie și frig de crăpau pietrele, mai ales că bătea și vîntul.

Am ieșit toți pe afară, am căutat, dar nici urmă de el! Unde o fi dispărut ăsta! Nu am avut destul cu maistru, acu ne face figuri și ăsta! Nu era pe afară. Singura variantă mai era să căutăm în camera din spate. Dacă nici acolo nu era, atunci nu era și gata.

Intrarăm în cameră și auzirăm din direcția patului un sforăit în surdină. Era frig ca și afară, camera nefiind încălzită. Am dat la o parte duna dar nu era nimeni! Doamne, ce să fie aici, strigoi? Nu era nici lumină prea grozavă. La un moment dat se apleacă unul, se uită sub pat și cine doarme acolo? Cineva dormea încovrigat ca semnul întrebării. Era proful. Cu chin cu vai l-am scos și l-am dus la căldură. Avea deja buzele albastre de frig și așa încovoiat cum l-am adus, așa a rămas în pat. Repede l-am acoperit și l-am salvat. Ăsta ar fi murit acolo de frig. Cred că era în comă alcoolică pentru că nu mai avea nici o reacție. De-abia către seară s-a trezit și nu știa unde-i. Parcă era de pe altă planetă.

Doar o cameră avea sobă cu lemne. Cu profesorii bețivani s-a terminat, dar unde să ne punem și noi ceilallați la orizontală? Unii au plecat pe jos la gară, alții au rămas. Ne-am înghesuit toți într-o cameră. 10 nebuni, pe pat, pe sub pat și pe lîngă pat. Într-un moment de liniște totală, auzim de sub pat un zgomot bizar. Cineva vomita. Sărirăm cu toții, s-a aprins lumina, și de sub pat scoase capul un coleg. Tot ce mîncase a lăsat pe sub pat și pe el, cămașa fiind plină cu varză si tăiței. Noi am pufnit toți într-un rîs de ne tăvăleam pe jos. Imediat s-a făcut loc în jurul lui. Nu puteam sta lîngă el de mirosul ce-l emana, dar trebuia să-l ținem că el nu era în stare să se țină pe picioare. De sub pat mai apăru și o sticlă goală de jumate litru în care fusese țuică de la masă. Ce făcuse el? El l-a avut pe „hai cu mine" și a luat cu el sticla. S-a băgat sub pat și a tras la măsea pînă a golit-o. Era clar că la un moment dat iese totul afară. Cu chestia asta s-a terminat cu somnul. Ce să mai dormi în miros de țuică și sarmale! Cum o fi ajuns el acasă nu știu pentru că după scena asta, a luat-o pe jos spre gară măsurînd drumul. Totuși a ajuns pentru că a doua zi ne-am întîlnit la școală. Am rămas mai departe doar favorizații ca să zic așa. S-a șters și spălat sub pat. Apoi cu chin cu vai am reușit să dormim cîteva ore și la ora nouă deșteptarea!

Dar așa o deșteptare să tot fie! Cu mămăligă și răchie! Mama gazdei făcuse o oală mare cu mămăligă, cîteva cepe tăiate, brînză de oaie și țuică de prună care nu avea voie să lipsească.

Ce vrei mai mult? Era perfect. Pe deasupra aveam un picup cu difuzor pe care l-am scos pe geam la stradă. Un coleg, a pus Phoenix cu „Negru vodă" și „Andri Popa" și dăi bătaie tată!

Țuica curgea și noi la bustul gol dansam de mama focului, dimineața la sfîrșit de octombrie! Na, spune-ți și voi dragi cititori, cum aș putea să uit aceste clipe minunate și ochii să nu m-i se umezească atunci cînd î-mi aduc aminte? Vremuri de neuitat! N-am dreptate? Ba am. Și știu că aceste amintiri nu m-i le ia nimeni decît Dumnezeu!

La întîlnirea de 30 de ani l-am întrebat pe fostul coleg: „Ia spune tu ce a zis maică-ta cînd a văzut puhoiul de nebuni ce-i vin pe cap să mănînce și să beie?"

„Ei Dani, habar n-ai tu ce ai mîncat. Eu v-am invitat, da cine amarul meu să știe că aproape toți veniți. Sigur că nu eram pregătiți pentru atîția. Dar am dat mai puțin de mîncare la neamuri ca să ajungă. Totuși cu supa era cel mai problematic, pentru că mama nu avea o oală așa de mare să poată să fiarbă totul odată. Atunci eu i-am spus să ia afară jumate din supă, s-o pună deoparte și restul să complecteze cu apă. Să mai bage niște sare și tăiței și s-o fiarbă. Oricum, după două, trei pahare de țuică și rupți de foame cum a-ți fost toți, nu v-ați mai dat voi seama că supa e cam lungă. Afară era frig, așa că important era să băgați ceva cald la stomac. Și uite așa am rezolvat-o și pe asta. Nimeni nu poate să-mi reproșeze că a plecat de la mine de la rugă flămînd!"

„Jos cu pălăria. Ți-a mers mintea! Nu degeaba ai făcut mai tîrziu facultate."

Și toți cei prezenți am rîs, aducîndu-ne aminte după atîția ani de toate aventurile astea.....

Mi-au mai rămas în amintire și excursiile ce le făceam cu clasa în primăvară la ghiocei. Ne adunam la Jgheabu și cu rucsacele în spate o luam spre pădure. Cam la 3 km era o poiană unde creșteau ghiocei sălbatici. O minune să vezi în mijlocul arborilor seculari dintr-o dată un luminiș unde totul era alb. Adunam imediat lemne uscate și făceam foc unde frigeam slănină și cîrnați. Pe vremea aceea mai erau ceva rămășițe de la porcul tăiat la Crăciun.

Acasă ne întorceam cu buchete de ghiocei pe care îi adunam de pe poiană. Rău era cu libertatea de a pleca în lume, de a vizita și alte țări. În rest, de anii 70 nu mă pot plînge. Muzică bună cu „Roșu și Negru", „Semnal M" și cu neiuitatul grup „Phoenix", mîncare și condiții materiale relativ bunicele. Acum dacă veni vorba de muzică hai să vedem cum a decurs cariera mea muzicală.

Cariera muzicală

Am început-o în clasa întîia fiind dat de părinții mei la școala de muzică, clasa de vioară.

Primii trei ani au fost ok. Am dat și spectacol pe scena de la casa de cultură din oraș și pot spune că am fost printre cei mai buni.

Dar totuși am simțit eu că asta nu e ceea ce eu voiam. Fiind cam neastîmpărat, trebuia tot timpul să fiu în acțiune, ceea ce nu s-a potrivit cu școala de muzică. Și anturajul a avut efect negativ, așa că după clasa a cincea am încheiat capitolul vioară.

Totuși o chestie pozitivă a fost că mi-am antrenat urechea muziclă și mi-a prins bine mai tîrziu.

Cum mi-am dat seama că a fost totuși ceva bun? M-a apucat și pe mine febra cu Cenaclul Flacăra. Nu am pus niciodată mîna pe o ghitară pînă la 20 de ani în ciclul doi de armată la Petroșani. Aici era și un coleg bănățean care le avea cu ghitara și cînta foarte bine. Avea un caiet cu cîntece și ghitara cu el. Eu de mult vroiam să învăț dar nu am avut de la cine. Acum însă, în puținul timp liber pe care-l aveam, l-am rugat să-mi arate și mie cum merge. El a fost imediat de acord și așa am învățat trei cîntece în trei zile. Eram fascinat și încîntat de succesul meu. Din păcate nu am făcut prea mult ulterior pentru că gîndul meu era tot la occident mai ales că în 1975 plecase unchiul meu în Germania. În 1983 după ce am venit de la pușcărie, am intrat în viața „normală" la muncă la uzină. Preocupările din timpul liber, cînd nu trebuia să-mi rup oasele acasă la cărat și tăiat de lemne sau în grădină, erau centrul orașului și de două ori pe săptămînă discoteca.

Pe vremea aceea UTC-ul preluase discoteca ce se ținea la școala de muzică. Această clădire avea peste o sută de ani de existență și funcționase pînă în 1948 ca și Casinou în oraș. Aici se țineau și baluri, sala de dans fiind de vreo 300 m².

Un fost coleg de-al meu de clasă era DJ. Încet, încet, m-am infiltrat și eu și după trei luni eram cu el partener. Eu nu prea aveam bani de investit, dar făceam munca de tehnician, lumini și mai multe activități ce țineau de bunul mers al discotecii. Cine citește acum o să zîmbească sau chiar v-a rîde. De ce? Închipuiți-vă că pentru această sală nu aveam decît două boxe de 50 de Wați. Mult prea puțin pentru așa o sală mare. Dar și așa venea tineretul și se distra. Da ce, avea de ales? Dacă nu știam că mai e și altceva eram mulțumiți și cu asta.

Din păcate, școala de muzică era lîngă birourile uzinii și fiind o construcție mai veche nu mai erau bani de investiție pentru renovare. Deci s-a luat hotărîrea în 1985 să fie dărîmată și să se facă birouri noi pentru uzină. Eu am asistat la dărîmare și trebuie să vă spun că am rămas ca la dentist, cînd am văzut că zidurile erau de 60 de cm de groase. Aici nu s-a făcut economie la material și de aceea a și ținut aproape 100 de ani fără probleme. După școala de muzică a urmat căminul cultural de la Cireșa. Era singura sală din oraș unde cît de cît se puteau ține astfel de activități cu peste 200 de persoane. De fapt erau două discoteci. Era și una în centru la casa de cultură dar acolo nu mai aveam eu loc. Mai tîrziu, situația sculelor muzicale nu s-a schimbat în bine ci din contra, în rău. Ce se găsea de cumpărat și avea ceva calitate nu te apropiai de preț. Așa ne-am unit trei persoane și am cumpărat stație și magnetofoane ca să putem să facem ceva. Sala era mai mică, dar și amplificatorul era numai de 35 Wați. Mai slab decît celălalt. Asta a fost. Nu era altă posibilitate și gata! Instalațiile de iluminatul erau primitive cu becuri lipite de noi, cu întrerupătoare, cu lămpi confecționate cu celofan sau sticlă colorată.

Totuși a venit lumea și așa și s-a distrat. Erau seri cînd nici un ac nu puteai să arunci în sală, mai ales vara în vacanțe. Nu lipseau nici scandalurile cu bătăi, așa că nu era de loc plictisitor.

Banii ce noi îi primeam erau puțini. Doar 20 % din încasări. Investițiile le făceam noi din propriul buzunar. Lucrurile stînd așa, am devenit și noi comuniști și rupeam biletele la ușă în două. O jumătate o dădeam înapoi și a doua o mai vindeam odată. La sfîrșitul discotecii împărțeam banii și așa ne descurcam, ca românii. Bineînțeles că uzina era casa noastră, de unde ne serveam cu cabluri, becuri și alte mărunțișuri. Muzica o primeam de la București pe benzi de magnetofon și costa o grămadă de bani. 300 de lei o bandă cu 12/14 piese. Totul se petrecea sub ochiul magic al UTC-ului. Din 1987 trebuia 20% din muzica pe care o puneam să fie muzică românească. Astea erau ordinele și dacă nu le respectam ne închidea discoteca. Totul era bine pînă puneam muzica românească. În cinci minute era sala aproape goală. Un efect pozitiv pentru mine. Se mai schimba aerul și se mai răcorea, eu fiind sus pe scenă. Vara era bine, iarna însă mai puțin. Regula asta nu a ținut decît cîteva luni pentru că tinerii nu mai veneau și așa pierdea UTC-ul bani. La ora 22 se termina bîlciul și poliția era deja prezentă să verifice dacă respectăm sau nu programul.

Altă ocupație pentru tineret nu era. Ceva filme la cinema, dar majoritatea ciurucuri. Plus că-ți venea rău cînd intrai în casa de cultură. În primul rînd de mirosul de budă ce venea pînă sus. Sala era destul de mare, dar scaunele de mușama erau toate murdare și tăiate. Femeile de servici aveau tot timpul de lucru după ce filmul se termina. Tone de coji de semințe, hîrtii și sticle goale rămîneau pe jos. O mizerie ca în codru. Cine avea aparat video, mai făcea cîte o seară acasă, mai precis o noapte și încasa ceva bani. Intrarea costa 100 de lei dar vedeai toată noaptea filme bune care rulau și în vest.

„Cariera mea muzicală" a durat pînă în luna mai 1989, cînd am reușit în sfîrșit să evadez din țară fără să fiu prins și am ajuns cu bine în Iugoslavia. Așa cum a fost, altceva nu am văzut, nu știam și așa a rămas. Eu mi-am făcut damblaua. Am ajuns să mă cunoască tot orașul. A trecut și vremea mai ușor pentru că nu am renunțat nici o clipă la gîndul și țelul meu de a pleca din România cît mai repede.

Jocul cu moartea

Că am fost un copil neastîmpărat am recunoscut. Cum ar putea să fie altfel, decît că moartea mi-a dat tîrcoale de cîteva ori. Totuși cineva acolo sus mă iubește și are grijă de mine. De fiecare dată am avut un înger păzitor ce era în apropiere și mi-a salvat viața.

Prima întîlnire la nivel înalt cu moartea, am avut-o la opt ani. Era iarnă cu multă zăpadă și ger. Mă plictiseam acasă și am făcut o ieșire cu sania. Casa părintească era pe deal. M-am urcat pe sanie, am luat-o pe drum în jos și am ajuns cu bine la strada principală. Paralel cu strada era un canal cu apă. Rîul Bistra era despărțit în două. O parte trecea prin oraș, ceaalaltă alimenta uzina cu apă. Eu locuiam pe lîngă uzină, deci pe lîngă canal. În ziua aceea nu era nimeni la sanie și eu nu știam ce să mai fac să-mi treacă timpul. Deodată mi-a venit o idee „genială"! Ce ar fi să mă dau eu cu sania pe gheață pe canal. Oare cum o fi?

Zis și făcut. Am pășit pe podul care trecea peste apă, apoi am împins sania pe gheață pe sub balustradă ca să văd dacă e destul de groasă să mă țină. Cu mintea mea de opt ani am considerat că dacă gheața ține sania, o să mă țină și pe mine. Dar sania era mai ușoară și greutatea era împărțită pe o lungime de un metru. Am trecut pe sub balustradă și primul pas pe care l-am făcut a fost și ultimul. Gheața era mult prea subțire, s-a spart și eu m-am dus cu totul în apă. Cum am făcut, cum nu, am reușit să mă prind cu mîinile de balustradă și nu am căzut „decît" pînă la piept în apă. Balustrada era din țeavă rotundă. Încet dar sigur mîinile mele au început să alunece. Eu încercam să mă țin dar mă lăsau puterile. Știam că apa în porțiunea asta avea cam doi metri adîncime. Deci omul negru cu coasa mă aștepta!

În disperare, am început să strig după ajutor. Norocul meu a fost că a apărut îngerul păzitor în persoana unei colege de clasă. Ea chiar ieșise să mai curețe zăpada și auzind strigăte a venit repede spre pod.

„Dani! Ce faci tu aici, vrei să mori?"

„Am alunecat în apă! Dă-mi mîna și trage-mă afară că nu mai pot de frig!"

De unde alunecat! Prostia din cap.

Ea mi-a întins mîna și încearca să mă tragă din apă, dar nici o șansă. Eram gros îmbrăcat, cu palton și totul fiind îmbibat cu apă, cîntărea în plus. De frică a început și ea să plîngă și să strige după ajutor. Eu nu mai aveam putere nici să vorbesc. Dinții î-mi clănțăneau în gură. Apa rece începea să-și facă efectul. Noroc că atunci au ieșit vecinele ei pe stradă. Voiau să meargă la alimentara și au fost iritate de strigătele ce veneau dinspre pod. Văzînd despre ce e vorba au venit în fugă și cu forțe unite m-au scos din „umezeală". Cred că în loc de 40 de kg aveam vreo 60. Acum trebuia să ajung cît mai repede acasă și să mă scap de hainele ude!

După cîteva minute, hainele începuseră să înghețe pe mine. Eram ca un cavaler teuton cu zale de tablă. Umblam ca robotul. Ele au luat sania și mă țineau de mîini mai precis mă trăgeau după ele ca să ajungem mai repede acasă. Așa de lungi nu au fost niciodată acești 200 de metri pe deal în sus. Cu chin cu vai am ajuns și bunica m-a dezbrăcat din trei mișcări la pielea goală. Eu tremuram ca varga și buzele îmi erau deja vinete.

Nici în ziua de azi nu știu cum am reușit să mă prind de balustradă. În aer m-am învîrtit ca un titirez, că eram doar cu spatele spre pod. Dar ce mai contează... cînd Jean boxează. Important e că întîlnirea cu dracu s-a încheiat cu bine. Am avut zile și am scăpat doar cu o răceală și cîteva injecții de penicilină.

Trecuseră vreo cîțiva ani fără evenimente deosebite. Să fi avut vreo 12 ani. Era vacanță. Într-o zi am plecat la pădure după lemne. Am scris deja că noi nu am avut acces la gaz. Trebuia să ne încălzim cu ceva. Acest ceva, erau lemne, că doar pica pădurea pe noi.

Am vorbit cu vecinul Ghiță și cu bunica lui și am luat-o la deal în sus. Ca să nu avem dificultăți cu pădurarul, trebuia să mergem cît mai departe să dăm de lemne uscate. Nu de mult fusese o furtună ce făcuse pagube mari. În pădure erau mulți pomi scoși din rădăcină și trîntiți. Nu erau însă toți la pămînt. Unii rămăseseră agățați de ceilalți ce erau încă în picioare. Ei, pe așa un pom am pus noi ochii. Doi copii și o babă și-au pus în cap să taie un astfel de monstru. Am tăiat tulpina jos spre rădăcină, dar nu a avut prea mare efect pentru că în picaj, se agățase de pomii dimprejur. Cumva trebuia să tăiem coroana ca să se lase pomul în jos. Acum, cine să se urce? Buna, cu cei 60 de ani ai ei nu prea era adecvată să facă figuri de circ prin copaci. Gheo era cu doi ani mai mic, așa că am trecut eu pe post de maimuță.

M-am urcat pe pom și pînă la coroană nu am avut probleme. Eram învățat cu cățărăturile pe sus. Ca în filmele cu Tarzan. Eu, tot ca el pe sus, numai că eu nu am urlat. De fapt am urlat ceva mai tîrziu.....

Așa încet, am început să dau cu toporul și dăi și dăi, pînă era trunchiul aproape tăiat. Dintr-o dată cu pîrîituri groaznice se înclină pomul, eu m-am dezechilibrat și mi-am luat zborul spre sol. Nu era cine știe ce înălțime, vreo trei metri! Într-o clipită am luat contact cu pămîntul și am avut din nou mai mult noroc, ca zile.

De picam o jumătate metru mai la dreapta eram ca un boier tras în țeapă de Vlad Țepeș!

Un ciot de pom retezat rînjea spre mine. Nu știu cum am căzut și nici cum am aterizat. Ce știu e că nu mai primeam aer. Eram tăcut ca peștele! Numai gura o deschideam, dar fără prea mare efect. Biata bătrînă sări repede să mă maseze. Dar ce să mai maseze că eram eu masat de tot. Vreo 5 minute mi-au trebuit pînă am reușit cît de cît să capăt aer. În ceea ce privește lemnele au devenit lemnuțe. Eu abia umblam pe picioare! Am legat niște pari și cu ei am plecat spre casă. Mă cutremur numai la gîndul: ce s-ar fi întîmplat dacă picam pe ciotul ăla de pom? Brrrrr. Mă apucă frigurile!

Am avut cam o lună probleme cu dormitul și respirația. Precis mi-am fisurat cîteva coaste sau poate chiar coasta de drac!

Asta a fost a doua oară cînd cineva avea grijă de mine. Deci alt examen trecut cu brio, deși am simțit puțin tăișul coasei prin apropiere!

La următoarea probă aveam 17 ani. O vîrstă frumoasă dar și periculoasă, mai ales dacă ți-o faci singur grea! Din nou iarnă, frig, gheață pe canalul de apă. Asta era deja să mă omoare o dată și nu m-am învățat minte! Din nou plictiseală și am plecat pe drum. Canalul se împărțea în două, nu departe de unde s-a întîmplat primul incident cînd am căzut în apă.

Capitaliștii nemți, care patronaseră uzina pînă la venirea comuniștilor la putere, au fost deștepți și au montat o mini hidrocentrală pentru producerea curentului. Cînd se făceau reparații la turbină, apa se dirija printr-un stăvilar pe altă parte ca să se poată lucra. Un grilaj de fier, oprea crengile sau cadavrele de animale vara și sloiurile de gheață iarna. Un vecin de-al meu lucra la centrală și era acolo să cureţe gheaţa ca să vină mai multă apă la turbină. Eu dacă nu aveam ce face, am trecut peste gard în uzină și am început și eu să împing gheaţa către stăvilar. Munceam harnic ca furnica și mă împiedicai ca nimica. Am alunecat și am căzut în apă!

Stăvilarul era la vreo trei metri distanţă și era deschis cam de un metru. Deci, dacă apa mă trăgea treceam liniștit pe post de scafandru pe sub stăvilar și rămîneam cu siguranţă ca hrană la pești. Apa trecea pe sub pămînt printr-un tunel de 100 de metri, deci șansele de a scăpa erau zero. M-am trezit în apă pînă la brîu, dar am reușit să mă prind de grătarul de fier. Probabil că am făcut o tumbă ca o maimuţă. M-am întors în aer prinzîndu-mă în cădere. Ca un adevărat cascador am căzut ca pisica în picioare. Numai că picioarele s-au cam udat și eu nu mai puteam să ies din apă. Mă ţineam eu tare dar simţeam cum mă trage apa spre stăvilar. Noroc că vecinul a fost pe fază, a venit repede spre mine dîndu-mi o mînă de ajutor și un car de înjurături. Cu un umor sarcastic mă întrebă: „Măi prostovanule, ce faci tu? Ai uitat că e iarnă și nu vară? Ai călduri sau vrei să mă bagi în pușcărie? Dacă crăpi, eu răspund de tot ce e aici. Cine te-a pus să vii tu aici și cu cizme în picioare care alunecă! Hai afară că te mai și îmbolnăvești, tăntălăule!"

Și avea dreptate. În fond ce căutam eu acolo, că doar nimeni nu m-a pus la lucru? Dar capul face și tot corpul trage. Cu pantaloni lungi și cizme, era perfect pentru o aterizare în apă rece. Rapid am sărit gardul înapoi pe stradă și am plecat cu pași mărunți spre casă. Pașii deveneau din ce în ce mai mărunți pentru că pantalonii deveniseră foarte grei. Eu am golit cizmele de apă, dar unde să mă dezbrac de pantaloni pe strada mare și în zăpadă pînă la genunchi?

Ca un moșneag, cu pași mici și repezi am reușit să ajung după 10 minute acasă și să mă scap de greutate. Iarăși bunica a fost primul ajutor cu apă caldă și haine curate și uscate. Și puținul păr ce-l mai am, m-i se ridică la gîndul că dacă nu mă prindeam de grătar, apa m-ar fi tras pe sub stăvilar și adio viață, legată cu ață!

Prietenii mei însă vegheau nu departe și mi-au sărit la timp în ajutor așa că omul negru a trebuit să plece iarăși cu mîinile goale! Asta a fost a treia oară.

A patra oară am scăpat din nou, dar cu urmări mai grave.

Liceul industrial pe care l-am absolvit mi-a dat posibilitatea dacă nu vroiam să studiez mai departe, să am și o meserie. Meseria pe care am practicat-o a fost de electrician. După ce am venit de la Popa Șapcă, pentru că am fost un „trădător de țară", am fost repartizat la cea mai rea secție din uzină, Laminorul 550. Lucram în ture în sectorul de tăiere al profilelor de metal. Era un zgomot infernal, o căldură tropicală și mizerie de nedescris. Răspundeam de macarale, de rolele pe care venea fierul încă fierbinte la fierăstraie și de toate mașinile care aparțineau sectorului respectiv.

Era în primăvara lui 1984. De două, trei ori pe an se făcea reparație capitală. Asta însemna că toată secția se oprea și tot ce era defect se înlocuia. Bineînțeles nu cu materiale noi, ci cu utilaje reparate care nu țineau decît un timp limitat. Asta știm cu toții cum mergea pe vremea aceea, dar nu despre asta vreau să scriu acum.

Aveam schimb de după masă și reparatura în hală era terminată. Acum trebuia curentul din nou cuplat ca să înceapă producția. Lucru de rutină, la prima vedere, dar se iviseră complicații. Întrerupătorul principal nu voia să cupleze. Ce e de făcut? Toată secția stătea după noi și se agita că nu e curent!

Șeful meu de echipă ne adună pe toți și hai să vedem ce facem. Întrerupătorul era într-o celulă și noi, toată tura, ne adunarăm ciorchine în jurul lui. Nu mergea și basta. La un moment dat băgă șefu șurubelnița prin agregat și umblă să-l deblocheze. Eu eram în primul rînd, chiar lîngă ușă. După o bubuitură strașnică m-am trezit pe jos peste un coleg. Ce se întîmplase? Șefu a făcut scurtcircuit la 6000 de volți și din întrerupător au ieșit numai limbi de foc. Pe mine m-a prins flama pe față și pe dosul mîinii drepte, pe un coleg pe toată mîna pînă la cot și pe șef pe amîndouă mîinile. Eu nu mai vedeam nimic și strigam că am orbit, ca și șefu. După vreo două minute a revenit vederea ca prin ceață și noi în loc să băgăm mîinile în apă, le-am băgat în ulei. Cu mîinile pe sus am dat fuga toți trei la spital. Începuseră durerile!

Eu am scăpat ușor cu fața. Era numai puțin atinsă pielea, în schimb la mîna dreaptă aveam arsură de gradul trei. Șefu era cel mai distrus cu arsuri de gradu trei și patru la ambele mîini. Din nefericire am asistat atunci la spital la faza cînd o soră medicală i-a luat pielea jos de pe dosul mîinilor! La mine am închis ochii și nu am văzut ce se întîmplă, dar la el am rămas ca hipnotizat. Pielea era neagră, prăjită ca pe un pui la grill. Se ducea jos de parcă nu era nimic și apăruse carnea. Pe o porțiune se vedea și osul!

Na poftă bună!

Bineînțeles că acțiunea era acompaniată de văi-cărelile noastre. Totul a fost făcut pe viu fără anestezie. Vă pot spune că pe pielea mea am simțit-o! Se zice că e bine să înveți din greșelile altora și nu să te arzi pe propria piele. În cazul ăsta nu mai era nimic de făcut! Arsurile erau grave și nu eram eu de vină.

În fiecare zi trebuia să merg la spital ca să m-i se schimbe bandajul. Am avut de suferit mai bine de două luni de zile pînă cînd a început să se refacă cît de cît stratul de piele. În total am rămas acasă aproape trei luni și salarul mergea. Șeful a stat șase luni pentru că arsurile lui erau mult mai grave, el fiind cel mai aproape de sursa de foc. Oficial era numai el accidentat. Dacă ne anunțau și pe noi doi, era accident colectiv și Protecția Muncii ar fi rupt capul șefilor. Normal trebuia să-mi dea ca aici în Germania bani de suferință, după cîte am tras eu cu mîna.

Totuși dacă stau bine să mă gîndesc, putea să fie și mai rău. Ce s-ar fi întîmplt dacă-mi luau foc hainele? Dacă din cădere dădeam cu capul undeva, adio! Sau puteam să rămîn orb pe vecie. Cum aș mai fi putut să scriu rîndurile acestea?

Sînt scenarii la care dacă mă gîndesc, primesc piele de gîscă! Iar am avut un înger, de data asta însă a fost ceva mai departe și m-a lăsat puțin să sufăr.

Mai trecură vreo trei ani. Din nou am avut ocazia să fac cunoștință cu curentul electric. De data asta la 380 de Volți, a cincea aventură.

Lucrînd în ture aveam toate instalațiile electrice, mașinile și macaralele din sectorul fierăstraie în grijă ca să zic așa. Deci răspundeam de buna funcționare și trebuia să repar ce se putea la fața locului cît mai repede ca producția să meargă.

Aveam schimb de noapte și așa cum știm cu toții, dacă era de lucru era, dacă nu, la somn. Așa a fost și în noaptea aceasta. Pînă la ora 24 am făcut o inspecție prin hală și pentru că totul era în regulă, zuști la somn. Pe la ora trei, cînd dormeam cel mai bine, mă treziră bătăile în ușă și strigătele disperate ale unei femei. Noi electricienii aveam un mic atelier și încuiam ușa cînd ne puneam la somn.

„Dani hai că nu merge macaraua de la patul de răcire și e șefu de secție pe aici în inspecție!"

Cînd am auzit am sărit ca ars. Mi-am luat geanta de scule și am ieșit rapid în hală. Nici nu se putea mai bine, decît ca macaraua să se strice chiar deasupra patului de răcire a țaglelor de fier fierbinți. Am urcat pe macara și după două minute am fost deja ud leoarcă. După ce am verificat instalația, am găsit un contactor defect. Acest aparat cupla curentul prin contacte, la motorul de antrenare a roților. Nu era ceva deosebit, dar căldura mă omora!

Neavînd mănuși era și mai greu, deoarece corpul aparatului fiind din bachelită, se încintase și frigea. Cu chin cu vai am reușit cu două șurubelnițe să desfac capacul. Dar cînd să-l scot am atins cu amîndouă mîinile pe fazele de curent și din șoc am fost azvîrlit pe spate la vreo doi metri.

Acum fac iar scenarii de filme: ce s-ar fi întîmplat dacă picam jos de pe macara de la șase metri, în cădere liberă și aterizare forțată pe fiare fiebinți? Cu siguranță că eram bun de dus la morgă. Dar dacă rămîneam lipit cu mîinile de sîrmele cu curent? Pînă ar fi dat cineva de mine, eram prăjit ca o legumă! Cred că de atunci a început să-mi cadă părul, din scuturătură. A căzut ca frunza din pom!

Am stat vreo 10 minute pe pod, absent la ceea ce era în jurul meu ca și cum eram paralizat. Am schimbat totuși piesa și m-am așezat rumegînd la ceea ce s-a întîmplat. Într-un sfîrșit m-a readus la realitate strigătul colegului meu de tură:

„Băi băiatule ce faci acolo, ai adormit? Hai că stă secția și ne omoară ăstia. Ai ceva probleme?"

„Nu, nu, totul e în regulă", am reușit eu să mormăi. "Spune-i să facă o probă."

Și uite așa, m-a pus iar la probă pe mine, nenorocita asta de moarte.

Din nou fără reușită. Problema e că încercările la care am fost pus erau tot mai grele și așa a mers mai departe și cu ultimul examen important, nr. 6, pe care l-am dat în 1992.

Trăiam în Germania de trei ani și lucram la o firmă de montaje electrice din localitatea unde locuiam. De cînd mă știu, am avut probleme cu dantura. În România m-au găurit dentiștii de m-am săturat. Lucrările ce le-am avut erau de proastă calitate și trebuiau înlocuite. Deci am avut termin la dentist imediat după terminarea lucrului. Eram cu bicicleta. M-am grăbit pentru că aveam terminul la jumătate de oră după lucru.

M-am apropiat de semafor și văzînd că e galben nu m-am oprit. Din păcate nu am mai ajuns decît pînă la jumătatea benzii. O lovitură puternică și un zgomot de fiare ce rîșcîiau șoseaua, m-au surprins. Eu m-am trezit pe jos grămadă în drum. Pe moment nici nu am realizat ce s-a întîmplat. M-am ridicat, m-am uitat la bicicletă și am văzut că era ruda toată strîmbă. Am luat-o pe umăr și am vrut să plec spre casă. Dintr-o dată veni un cetățean de pe margine către mine și zise:

„Eu sînt polițist. Unde vrei să pleci? Stai aici că ai făcut un accident! Cum pleci tu așa de capul tău?" și se legitimează.

„Mă grăbesc că am termin la dentist și e tîrziu", am zis eu.

„Nu pleci nici unde pînă nu vin colegii să preia accidentul."

Atunci am realizat eu ce prostie am făcut! Uitîndu-mă în jos am văzut o motocicletă trîntită pe șosea la vreo 10 m și un tînăr ce venea către noi schiopătînd.

Deci, am trecut de fapt pe roșu la semafor! Omul venea din deal liniștit și cu viteză, știind că la el era verde și că drumul e liber. Eu am apărut ca măgarul din ceață și el nu a mai fost în stare să frîneze. Nu a mai avut timp să reacționeze, să oprească sau să mă evite și m-a luat în plin azvîrlindu-mă ca pe nimic. Din coliziunea cu mine, s-a dezechilibrat și el și a căzut cu tot cu motocicletă.

Dacă am văzut că nu pot pleca, m-am așezat pe bordura de pe marginea drumului și mă bucuram că pot umbla și că nu am oase rupte. La un moment dat am simțit ceva cald curgînd pe partea stîngă pe la ureche. Și ce era? Sîngele meu ce curgea! Pe cap am avut o pălărioară care nu a sărit din ciocnirea cu motociclistul. Totul s-a petrecut rapid. Am fost azvîrlit în aer ca o păpușă. Și totuși nu mi-a căzut pălăria! Poate că ăsta a fost norocul meu.

Dintr-un magazin de vis a vis, a venit repede o doamnă aducînd cu ea un prosop umed și m-i l-a dat să-l pun pe rană ca să stopeze sîngele ce curgea șiroi. Eu habar nu aveam ce e pe capul meu! Făcînd acea tumbă în aer, am aterizat pe spate și am dat cu capul pe bordura de piatră.

Știam eu că sunt cam tare de cap, dar nici chiar așa ca să nu mi-l sparg dacă pic de la doi metri pe piatră! A venit și un doctor care m-a bandajat și împreună cu polițistul m-au escortat la spital. Doctorul mă tot întreba dacă nu mi-e rău sau nu am senzații deosebite.

Senzațiile le-am avut la spital, unde m-a cusut un măcelar de chirurg..... pe viu. Aveam o rană de vreo 12 cm pe cap ce trebuia închisă! O mai am și în ziua de azi, ca cicatrice. Din nou pot spune că cineva acolo sus mă iubește și nu mă lasă de căruță. Dacă picam altfel și î-mi intra vre-un os în creier, ori eram în scaunul cu rotile ori pe lumea ceaalaltă. Atunci nu aveam posibilitatea să vă povestesc despre toate aceste lucruri. Doamne mulțamu-ți că mi-ai dat încă o șansă să trăiesc! Dacă după toate astea n-am crăpat, înseamnă că am avut mai multe vieți, ca la jocurile de computer. După toată acțiunea asta m-am trezit cu doi polițiști ce veniseră să mă viziteze. Bineînțeles că nu veniseră nici de dragul meu și nici să mă felicite pentru actul de cascadorie ce l-am făcut. Ei veniseră să mă interogheze pe tema accidentului. Așa am apărut în ziar în Germania!

Am primit o amendă de 175,00 de Mărci. Asta nu m-a afectat prea tare. Eram bucuros că am scăpat și eu și celălalt cu bine, fără urmări negative asupra sănătății. Apropo, celălalt. Celălalt pe care era să-l nenorocesc, era fiul primarului din orașul meu. Era să-l las fără copil pe domn primar!

Din 1992 au trecut cîțiva ani buni și examene de supraviețuire nu am mai avut. Cine știe ce o să mai î-mi rezerve viitorul? Stă scris în stele! Dar după toate aceste întîmplări nu mai mi-e frică de moarte! Și dacă mîine mor nu-mi pare rău pentru că cea mai mare parte din visurile mele s-a împlinit. Mă gîndesc totuși că poate am primit înapoi ce am dat. La ce mă refer?

Și eu am fost pe post de înger păzitor salvîndu-mi fratele de la moarte acum 40 de ani! Chiar dacă unii vor spune că e plictisitor totuși o să scriu acum ceva și despre acest tragic eveniment ce ține de viața mea.

Fratele meu e cu zece ani mai tînăr ca mine și la vremea aceea un copil de opt ani. Ca toți copii era și el jucăuș și neastîmpărat.

Într-o după amiază a venit de la joacă și s-a pus pe dormeză lîngă mine. Era cam apatic. Ridicîndu-se să bea apă am văzut la el pe cap, în spate, ceva roșu. M-am uitat mai atent și am remarcat sînge!

„Cris, ce-ai tu aici? Ți-ai spart capul!"

„Ah lasă-mă și nu pune mîna că nu-i mare lucru. Da, am căzut și am dat cu capul de scară!"

„Și nu te doare? Mergem la doctor la spital?"

„Nu mergem niciunde și mai lasă-mă că nu am nimica!"

Nici bine nu a spus vorbele astea că a început să tremure din tot corpul și să dea ochii peste cap făcînd la gură spume. Eu știam că această comportare o au bolnavii de epilepsie, dar el nu era bolnav!

Ce să fac? Și eu cu 17 ani eram încă jumătate copil și nu puteam recționa cu claritate în această situație!

L-am luat de subsiori și l-am ridicat ducîndu-l spre ieșirea din casă. În același timp am strigat disperat după ajutor.

„Unde sînte-ți? Veniți că moare Cristi. Grăbiți-vă! Face-ți ceva!”

Au venit în fugă amîndoi părinții mei și mama s-a pierdut imediat. De spaimă a început să strige:

„Au, moare copilu meu! Au, doamne ce-i cu el!”

Taică-meu nu și-a pierdut firea și a trimis-o după o lingură de lemn. De ce lingură de lemn? În cazuri din astea, cel care are criza, instincttiv dă să-și înghită limba și cu asta se asfixiază. Celulele creierului nemaiprimind destul oxigen, mor și cel în cauză poate să rămînă handicapat sau să intre în comă. L-au pus pe Cris pe o dungă, tata a reușit să-i deschidă gura și să-i bage lingura în gură. De ce de lemn? Pentru că era posibil din zvîcnituri și inconștiență să se încleșteze și maxilarul. Deci dacă era vreun deget pe acolo era precis retezat. Așa, lingura era și ca protector al degetelor salvatorului.

Eu am dat fuga la spital după o ambulanță. Nu-mi amintesc să fi fost așa rapid vreodată ca atunci. Cred că am doborît un record cu bicicleta! Șocul și gîndul că orice secundă contează mi-au dat un imbold deosebit. Cînd eu am plecat, el avea deja buzele vinete, un semn care nu era de loc liniștitor. Cînd m-am întors acasă i-am întîlnit pe ai mei jos pe drum cu frate-meu pe o targă. L-au adus să nu mai urce salvarea și să se piardă timp. El era cu ochii deschiși. Am încercat să vorbesc cu el, dar era absent. Se uita speriat în jur! Probabil că nu-și revenise de tot. A urmat o săptămînă de spital și pentru că nu a mai făcut crize l-au lăsat acasă. Doamne ajută că nu a rămas cu urmări! Poate că dacă eu nu eram acolo ar fi dat colțul! Mă gîndesc că de aceea am fost răsplătit și am scăpat de omul negru. Acum încep să scriu despre alt capitol din viața mea, despre care pot să spun liniștit că nu a fost deloc plictisitoare.

Hoț, fără vină

Dacă stau bine să mă gîndesc nu am devenit, ci m-am născut hoț. Mă întreb cine nu a fost hoț în comunism? Poate că sînt și oameni „cinstiți" care să nu fi luat un ac, dar aș vrea să-i cunosc personal. Cred că mai repede aș da de o mare în deșert decît să găsesc pe cineva care să nu-l fi avut pe „hai cu mine." Începînd de sus de la șefi și pînă ultimul muncitor, s-a mințit și s-a furat. Numai că era o deosebire între ce și cum furam noi, cei mici și cum și cît furau cei mari.

Pe mine pentru o găină m-ar fi condamnat la șase luni de pușcărie. Alții furau cu camioanele fără să dea socoteala cuiva. Dreptatea era pe hîrtie. Realitatea arăta cu totul altfel.

La noi în oraș, pe Casa Albă, cum era numită clădirea cu birouri a uzinei, scria la poarta de intrare cu litere mari:

„Uzina noastră, casa noastră."

Acest slogan spunea clar și răspicat:

„Fraților luați ce puteți și simțiti-vă ca acasă."

Cel puțin asta era interpretarea noastră. Nu pot vorbi în numele altora, dar sînt sigur că la fel au gîndit și ceilalți. Lăsăm ce au făcut și gîndit alții și revenim la ceea ce am făcut eu. Că anturajul îl schimbă pe om, asta e o chestie ce se adeverește din cele mai vechi timpuri. Dar schimbările pot fi de două feluri: în bine sau în rău. Și de cele mai multe ori e în rău. Cum putea să fie altfel la mine, eu fiind o fire cam ușor influențabilă cînd era vorba de făcut trăznăi.

La vecinul de vis a vis, obiceiul de a lua tot ce îi apărea în cale, s-a dezvoltat într-un mod deosebit. Eu nu știam asta. Am aflat de abia cînd eram în clasa a șasea. Pe atunci aveam ore de după masă și mă duceam liniștit spre casă. Era spre seară, să fi fost ora 18:00. Am luat-o pe scurtătură prin piață și cînd să ies aud niște strigăte. Mă striga cineva și nu vedeam de unde.

„Hei Dani, vino încoa să vezi ce n-ai mai văzut tu de cînd ești". Prietenul meu vecinul și mai un cunoscut ce stătea tot cu noi în cartier.

Într-adevăr nu mai văzusem așa ceva. Erau două containere de tablă pline cu apă în care înotau pești. Crapi ce așteptau să fie vînduți a doua zi.

„Hai că tu ești mai lung. Scoate tu cîțiva afară că noi nu ajungem. Precis or să se bucure ai noștri acasă, că le aducem și lor pește proaspăt. Scoate-i tu afară că noi am spart lacătul" zise unul din ei.

Mult n-am stat pe gînduri, deși ar fi trebuit, pentru că ce noi făceam era furt!

„Na bine, hai luați de aici."

M-am ridicat pe vîrfuri scoțînd pentru fiecare cîte doi crapi, ce se zbăteau de mama focului. Ne-am luat fiecare prada și am luat-o spre casă. Deodată am auzit că cineva strigă după noi. Era un bărbat ce se apropia cu pași repezi și înjura de mama focului.

Cu peștii în mînă, am luat-o la fugă. Omul se apropia amenințător și cînd am văzut că peștii mă încurcau le-am făcut vînt. Tot așa au făcut și partenerii mei. Și tuleo!

Pe mine nu avea nici o șansă să mă prindă că eram bun la fugă. Eram și cel mai mare. Ghiță vecinul a luat-o pe rîul Bistra. Cel mai mic dintre noi s-a ascuns în spatele unui garaj la blocuri. Bineînțeles că acasă, părinților nu le-am spus nimic. Am fost tăcut... ca peștele!

După vreo trei zile, aduse poșta o scrisoare în care era o citație la miliție pentru taică-meu.

Acolo scria ceva de furtul fiului său. El veni la mine cu scrisoarea și mă întrebă:

„Măi copile, ia zii ce ai făcut că mă cheamă la poliție pentru tine? Spune adevărul!"

Eu am rămas ca la dentist.

„De unde să vină citație, că doar nu ne-a prins", mă gîndeam eu, neștiind că cel mai mic dintre noi a fost prins. La garajele unde el s-a ascuns a fost descoperit de cel care ne urmărise. Din două strigături și scuturături ne-a dat în vileag și pe noi.

I-am povestit tatălui meu istoria, că n-am avut încotro. S-a dus el la poliție și a venit cu o falcă în cer și cu una în pămînt.

„Dobitocule! Acuma trebuie să plătesc pentru tine 800 de lei amendă. Tu n-ai văzut că acolo era lacăt? Cum mergeți voi acolo și vă permiteți să spargeți lacătu de parcă ar fi fost al vostru!"

„Tati, eu cînd am ajuns acolo nu era nici un lacăt. Ei au zis să scot eu peștii că ei nu ajung!"

„Destul că ai luat și tu pești! Acu am plătit 400 de lei pe kilogram! De vreo 50 de ori valoarea lor și nici măcar n-am gustat din ei. Să te astîmperi cu vagabonzii ăstia că dacă nu, am să-ți rup oasele."

În ziua următoare surpriză la școală. Toată lumea a ieșit la careu. Careu însemna că toți cei care erau la cursuri, ieșeau și se aliniau în curte. Acolo se anunțau lucruri importante.

Directoarea ne-a chemat pe noi, cei trei mușchetari, în față ca să ne vadă toată lumea. A început să ne facă cu ou și cu oțet, că facem de ocară această școală și în încheiere ne anunță că sîntem exmatriculați pentru trei zile de la cursuri. În plus n-i se va scade nota la purtare, la șase.

Vă dați seama ce „tragedie" pe noi. Trei zile de vacanță în plus! Numai că n-am sărit în sus de bucurie. Trei zile de baie, fără carte și stress.

Ăsta a fost primul contact cu poliția!

Vecinul continua cu furturile în stil mare, de unde apuca. De la școală, de la alimentara, din uzină. El era deja un hoț profesionist. Eu fiind vecin cu el, vedeam și știam ce face, dar fiind Stan Pățitu cu peștii, mă țineam la distanță.

Au mai trecut cîțiva ani. Eram în anul trei de liceu. Într-o după masă de iarnă, aud cîinii din vecini lătrînd ca nebunii. M-am uitat pe geam și am văzut două uniforme de poliție ce urcă în sus pe drum. Eu știam că la mine nu au ce căuta pentru că nu făcusem nici o ilegalitate. Totuși spre surprinderea mea s-au oprit în fața porții. Au strigat și bătut în poartă.

„Ce caută ăștia la mine, că doar n-am făcut nimic?"

Am ieșit la poartă dar simțeam o neliniște internă. Un polițist zise către mine:

„Bună ziua. O întrebare am avea: a-ți observat în ultima perioadă ceva mișcări deosebite pe la vecinul de vis a vis? Umblă noaptea des sau a adus ceva acasă?"

„Sincer să fiu, nu am văzut. Eu peste zi sînt la școală și noi nu prea avem relații. Noaptea nu știu ce face. Eu nu am văzut să fi cărat ceva. Dar de ce întrebați?"

„Păi sunt reclamații că s-a spart la piață chioșcul. Acum mergem în percheziție la el. Mulțumim și scuzați deranjul. La revedere."

„La revedere."

„Nici o revedere, că nu vreau să ne revedem!",

m-am gîndit eu.

Tovarășii s-au dus mai departe în vizită la vecin. Eu eram curios ce se întîmplă. M-am ascuns după perdea și așteptam să văd mișcările.

După vreo jumătate de oră am văzut un polițist ieșind și după el vecinu cu un carton mare în brațe. Taică-său ieșise și el vorbind cu celălalt polițist. Nu aveam cum să aud ce vorbeau, însă tata lui gesticula de mama focului. Vecinul o luă înainte, polizistul după el în jos pe stradă. Manevra asta se repetă de trei ori. Sus, jos, sus jos și de fiecare dată el căra cîte ceva. Între timp se făcuse noapte și operațiunea s-a încheiat. A doua zi de dimineață s-a făcut reluarea acțiunii cu încă o bicicletă, un gard și cîteva plăci de tablă. Eu nu am văzut, că eram la școală, dar mi-a povestit bunica mea.

Mai trecură vreo trei zile și m-am trezit că mă caută la școală doi milițieni. Era vreo 11:00 dimineața.

„Ce mai vor și ăstia? Doar le-am spus ce am știut!" î-mi făceam eu gînduri. Bineînțeles că nu mi-a făcut plăcere să fiu luat ca din oală și toți colegii să știe că am treabă cu organele de ordine. Dar unde-i lege, nu-i tocmeală. Profesorul de Rezistența materialelor mă botezase „Hoțul", pentru că m-au luat de la ora lui.

Am ajuns la miliție, m-au băgat tovarășii într-o cameră și m-au lăsat să aștept. După vreo jumătate de oră intră pe ușă căpitanul „Colombo." Cei mai în vîrstă din Oțelu î-și aduc cu siguranță aminte de el (o fi de mult numai oale și ulcele). Mic și îndesat, cu o palmă ca o grenadă. Mă întrebă unde am fost eu pe data de, noaptea. Era noaptea cu pricina, în care se furase de la chioșcul din piață.

„Acasă, în pat unde să fiu? Am dormit că a doua zi aveam școală."

„Băi arătare! Pe cine vrei tu să trombonești aici? Zii adevărul că de nu, te despic în două!" urlă el la mine.

„Eu vă spun adevărul. Așa a fost. Eu am fost acasă și am dormit."

„Măi pîrlitule. Păi vecinul tău zice că ai fost cu el și că a-ți spart împreună chioșcul din piață! Care din voi minte acu?"

„Eu nu am nimic de a face cu el!"

Dintr-o dată se repezi Colombo la mine:

„Măi, tu crezi că eu am venit cu pluta pe Bistra? Zii adevărul că te fac carne măcinată" și-mi dădu o palmă de am zis că-mi zboară capu!

„Gîndește-te bine! Dacă mă minți, pînă mîine bat la tine ca la hoții de cai" și ieși din cameră.

Eu eram ca pierdut în spațiu după scatoalca pe care mi-o proiectase „prietenul" meu Colombo. Mă gîndeam:

„Ce să fie aici că doar eu nu am făcut nimic."

Vecinul m-a băgat complice cu el!

După vreo două minute am auzit vaiete și strigăte din altă încăpere. Erau strigătele lui Colombo și vaietele vecinului. Acum se răcorea el pe pielea hoțului. Au încetat vaietele lui și la scurt timp începură să se audă altele! Era o voce mai subțire care m-i se părea cunoscută, dar nu știam de unde să o iau. Deci, Colombo era în turneu de box și ne lua pe rînd la scărmănat. A mai venit o dată la mine, dar de data asta nu m-a mai lovit. A zbierat el puțin dar eu am rămas la ceea ce de la început am susținut: că nu am fost și ăsta era adevărul!

La un moment dat, m-au chemat să dau declarație și pe cine văd în sală? Un alt vecin cu vreo trei ani mai tînăr ca mine. Deci, vocea a treia era a lui. În sfîrșit, după șapte ore fără apă și mîncare ne-au dat drumul acasă unde am povestit toată istoria și tatălui meu.

Vecinul a declarat că eu am fost cu el, că am luat un ciocan, că eu am spart ușa și că am luat de acolo butelia cu gaz și am dus-o acasă peste Bistra. Numai minciuni!

Din fericire, tata avea la Caransebeș un fost coleg de școală într-o funcție mai mare la poliție și acesta primise dosarul la prelucrare. În declarația lui vecinul începuse să se contrazică singur și pînă la urmă a recunoscut că a mințit.

El a fost singur. A spart chioșcul, a luat ciocolată țigări și cîteva sticle de băutură. Nu ar fi știut nimeni și nici poliția nu l-ar fi descoperit dacă nu ar fi fost el așa de tîmpit ca să împartă țigări în stînga și dreapta. Se știa că au dispărut țigări de marca Snagov Superlong. Cine a fost prins cu țigări din astea la școală? Un prieten de-al lui. Pe vremea aceea, fumatul sub 18 ani era interzis. După ce a fost prins fumînd, l-au luat la interogatoriu crezînd că el e hoțul. El l-a dat de gol că de la Gheo le are. Gheo a fost luat la post și masat puțin de oase. El credea că dacă mă bagă și pe mine, scapă mai ușor. Dar socoteala din tîrg cu cea de acasă nu i s-a potrivit. Totuși, după o săptămînă au mai venit o dată doi polițiști la mine acasă și au făcut percheziție în podul casei, să caute țigări. El a declarat că eu am țigări ascunse în pod.

În pod aveam pachete goale de țigări de diferite mărci. Pe vremea aceea era la modă să colecționezi șervețele, accțibilduri sau pachete goale de țigări. Din fericire nu au găsit nici măcar un pachet gol de Snagov. Tata fuma Aroma sau Carpați cu filtru. Deci, încă o probă la care eu am ieșit basma curată.

Țiganu cel bătrîn cînd a văzut că lucrurile pentru fiu-su se complică, a luat un avocat. Acesta a prelungit toată procedura pînă în vară știind că o să se dea un decret de grațiere. La proces eu am fost în calitate de martor și vecinul a primit șase luni de condamnare. Fiind minor a primit pentru școala de corecție, dar nici măcar nu a văzut-o, pentru că a venit decretul.

Pentru ceea ce el mi-a făcut mie, m-am răzbunat după vreo cîteva luni la stadionul de fotbal.

Aici noi ne jucam, cînd terenul era liber, fotbal la porți mici. Fratele meu Cris, era de vîrstă cu fratele lui. Eu nu eram cu ei, ci am ajuns mai tîrziu. Intrînd pe stadion veni frate-meu către mine șchiopătînd și plîngînd de mama focului.

„Ce-i Cris, ce s-a întîmplat? Te-ai lovit?"

„Nu. Gheo mi-a tras una cu mingea în cap și mi-a dat două picioare în fund fără să-i fac nimic."

„Na lasă că ți-l dreg eu!" și m-am îndrept cu pași repezi spre el.

„Măi nenorocitule! Ce ai tu cu frate-meu că-i dai picioare în fund fără motiv?"

El de colo foarte arogant:

„Și tu ce vrei? Ce crezi că m-ii frică de tine?"

„De ce să-ți fie frică de mine? Las că ți-o fi de acu în colo!" am zis eu.

Și cît ai clipi l-am și pălit cu o dreaptă în plină față. Pe loc a pornit sîngele pe nas să-i curgă. Eu fiind în viteză, l-am proptit cu una și din stînga. Așa ca să fie stereo. El fiind complet dezorientat a mai încasat și două picioare în partea dorsală.

„Na acuma vreau să văd, dacă ț-ii frică sau nu. Ce zici? Mai dai în ăștia mai mici și mai slabi ca tine? Marș acasă potaie. Mai o dată să-l atingi pe frate-meu că am să-ți scot și cîțiva dinți.”

Ștergîndu-și sîngele de la nas, a luat-o el mărunt și repede spre casă.

Atunci m-am simțit eu grozav. Cu toată ura pe care am adunat-o, i-am dat ca să mă țină minte!

De atunci nu i-a mai clintit nici măcar un fir de păr fratelui meu. De mine oricum avea respect. Auzi tu domnule! Să ajung eu hoț fără vină!

Urmează un capitol negativ din istoria mea, armata. Pe vremea aceea se zicea că armata e adunătură de proști și pierdere de timp. Așa a și fost.

Armata populară

Armata, în România comunistă, era obligatorie. Pentru bărbați bineînțeles. Scăpau doar bolnavii, chiorii și cei cu pile, ca de obicei. Ca să fiu sincer, a fost doar o pierdere de timp și adunătură de proști. Cei care reușeau la facultate aveau stagiul militar redus. Șase luni, dacă o făceau înainte de a începe cursurile facultății, sau nouă luni, după absolvirea facultății. Eu fiind brînză bună în burduf de cîine, nu am reușit la facultate și m-am angajat la fabrică. În octombrie am primit ordinul de chemare la armată.

Că voi fi repartizat cît mai departe de casă, bănuiam. De ce? Pentru că un unchi de al nostru emigrase în Germania în 1975. Toți cei care aveau neamuri în străinătate făceau armata departe de casă! Drepturile omului în comunism!

A venit și ziua în care trebuia să-mi iau valiza și să mă duc la gară. Valiza nu mai știu de unde am primit-o. Ce mai știu e că era de culoare maro și din lemn. Mi-am luat rămas bun de la mamă, de la tată, de la frați, de la surori și cu un sentiment neplăcut am luat-o spre gară. Auzisem o grămadă de povești de la cei care au scăpat de această pacoste numită armata română. Cele mai multe de rău. La gară am întîlnit mai mulți amărîți care erau în aceeași situație cu mine, majoritatea beți. Cînd băieții plecau la armată se făceau chefuri de despărțire și alcoolul curgea gîrlă. M-am alăturat grupului vesel și trenul s-a pus în scurt timp în mișcare. Ca semn că e un tren cu recruți, mecanicul trăgea sirena cîteva minute în șir pînă cînd ieșea din oraș. Din plasele cu pachete de drum, au ieșit și cîteva sticle de țuică la iveală. Și haida, să uitǎm puțin de ce ne aștepta în următoarele 18 luni. Atîta dura stagiul militar pe vremea aceea. Ne-am legǎnat pînǎ la Caransebeș unde trebuia sǎ schimbǎm trenul. Apoi am luat acceleratul de București spre Craiova. Repartizarea am primit-o la Pleniţa, un fost batalion disciplinar, în mijlocul Olteniei. De acasǎ erau peste 300 de km distanţǎ. Am ajuns cu bine la Craiova. De acolo am schimbat trenul plecînd cǎtre Pleniţa. Trenul avea staţie doar pînǎ în satul Moţǎţei. De aici mai aveam 32 de km pînǎ la destinaţie. De la garǎ ne-au luat cu autobuzele și ne-au dus la unitate. Totul bine și frumos pînǎ cînd am fost trimiși la tuns. Nici nu eram repartizaţi în cazarmǎ cǎ au și venit trei frizeri ce rînjeau de bucurie cǎ acum au de cine sǎ-și batǎ joc. Veniserǎ „bobocii"! Am predat cota de lînǎ, adicǎ pǎrul și hainele civile, ulterior fiind dirijaţi spre dormitoare. Îmbrǎcaţi de sus pînǎ jos în verde și cu niște bocanci jerpeliţi ne-au mînat ca pe vite la masǎ. Așa am intrat în frumoasa viaţa de soldat român! De la început a pus un caporal din București ochii pe mine și m-a frecat de mi-au sfîrîit cǎlcîiele. Nenorociţii ǎstia din ciclul doi ne-au dat nouǎ mai departe ce au primit ei de la alţii:

bǎtaie de joc în stil mare.

Am spǎlat WC ul cu peria de dinţi, am bǎgat mîna pînǎ la cot sǎ-l desfund, l-am ras cu lama de bǎrbierit și multe alte șicane pe care „bǎtrînii" le fǎceau cu noi ca sǎ ne arate cine sînt de fapt șefii. Știam cǎ sînt niște dobitoci care nici tabla înmulţirii nu o cunoșteau. Dacǎ am venit noi cu liceu pe mîna lor „lasǎ cǎ le arǎtǎm noi cum se face armatǎ".

Condiţiile erau mizerabile și ca peste tot, mergea pe relaţii și dare de mitǎ. Eu neavînd pe nimeni am trebuit să înghit toate mîrșăviile! Nici fratele meu nu a avut o soartă mai bună el fiind repartizat la canalul Dunăre-Marea Neagră, la peste 600 km distanță de casă.

Deci primele săptămîni au trecut cu instrucție, pas de defilare, cîntece și dor de casă. A urmat jurămîntul, după care mi-am revăzut în sfîrșit părinții. Acest moment de bucurie a fost însă de scurtă durată. A doua zi a început din nou calvarul. Frecam la bocanci pînă străluceau. Caporalul zicea să dau cu mai mult cremă că nu-și poate face mustața. Șicane peste șicane.

Ne punea să ne dezbrăcăm la băţul de chibrit. El aprindea un chibrit și pînă să ardă, trebuia noi bobocii să fim dezbrăcați pînă la chiloți. Dacă unul din noi era mai încet trebuia toți să ne îmbrăcăm și să o luăm de la început. Băieții ne făceau pe rînd, zile și seri fripte, ca să-și bată joc de noi cît mai mult. Dacă am comentat ne alergau pînă nu ne mai puteam ține pe picioare. Șase luni de zile am fost maltratați ca niște cîini. Atunci de abia au plecat la munci caporalii din unitate. La jumătatea stagiului militar, la opt luni, se termina ciclul întîi. Bătrînii se liberau, ceilalți treceau la stadiul de „bătrîni."

Mi-a venit și mie rîndul să fiu bătrîn, dar nu am avut prea mult timp să mă bucur, pentru că imediat m-au săltat la munci.

Și eu vroiam să plec din cloaca aia de Plenița. Dar înainte de a vă povesti ce am tras la munci trebuie să scriu și despre o aventură care era să mă coste batalionul disciplinar. Băieții care au făcut armată știu ce înseamnă asta. Pentru fete trebuie să clarific: era ca o pușcărie în civilie. Condamnările erau pînă la trei ani pentru diferite abateri de la regulamentul din armată. Să dau cîteva exemple ca să vă faceți o idee cît de cît:

Bătăi, evadarea din armată, întîrzierea peste 48 de ore din permisie sau concediu, jignirea sau lovirea comandantului și alte fapte negative. Eram încă la Plenița. Venise primăvara cu soare și pomi înfloriți. Și în sufletul meu renășteau sentimente de bună dispoziție pentru că excrocii de ciclu doi, care m-au chinuit și și-au bătut joc de mine au fost trimiși la munci. Se apropia Paștele catolic. Primul din viața mea, pe care urma să-l fac în deplasare. Asta doar dacă nu luam măsuri pentru a evita acest lucru. M-am dus la locotenentul șef de companie și i-am cerut să mă lase în învoire măcar 48 de ore, că n-am fost deloc acasă.

Cu chiu cu vai mi-a dat. De vineri pînă duminică. Eu vroiam de sîmbătă pînă inclusiv luni, dar am tăcut pentru că mi-era frică să nu se răzgîndească. De ce voiam și luni? Pentru că luni era o zi importantă. Era ziua în care se „stropea", la noi la catolici. Obiceiul era așa:

Bărbații mergeau în lunea de Paști, din casă în casă urînd Paște fericit. La ei aveau ori parfum la sticlă ori spray cu care stropeau fetele și femeile. Pentru asta primeau băuturi alcoolice, fiecare ce voia din ceea ce aveau gazdele. Copii primeau dulciuri sau ouă colorate. Eu de cînd începusem să umblu pe picioare nu lipsisem de la acest eveniment. Dar încă nu-mi era clar cum voi face ca să fiu și eu prezent. Pentru astfel de gînduri nu mai era timp. Am plecat din unitate cît de repede am putut. Aveam un autobuz direct la Turnu Severin. De acolo cu trenul pînă la Caransebeș.

Apoi am schimbat pînă la Oțelu Roșu. Totul a decurs foarte frumos acasă, cu bucurie, mîncare și băutură. Dar timpul a trecut mult prea repede. Duminica trebuia să fiu în unitate. Mă frămîntau gîndurile:

„Cum să plec eu azi în ziua de Paști și mîine să nu fiu la stropit? Nu, asta nu fac! Și așa deabia după 48 de ore mă denunță ca dezertor așa că stau pînă mîine."

Un rol important în decizia pe care am luat-o, a avut-o și consumul de alcool.

Zis și făcut. A trecut duminica Paștilor, a venit și ziua de luni, m-am dus la stropit dar nu am băut prea mult pentru că știam că trebuie să plec înapoi la unitate. M-am dus la gară cu geanta plină. De-abia o căram. Aveam mîncare și o sticlă de țuică galbenă, ca uleiul de măsline, pe care am pus-o pentru locotenent.

Pe peronul de la gară am întîlnit un cunoscut. El era în același dormitor cu mine, dar la altă companie. M-am bucurat cînd l-am văzut pentru că nu mai eram singur. Nu mi-era tot una. Nu știam ce mă așteaptă în unitate. Dar țuica ce o băusem la stropit, încă mai avea efect diminuant asupra problemelor. I-am povestit și lui ce mă frămînta. El însă era mai „obosit" ca mine. La un moment dat scoase el o sticlă de jumate de litru cu lichior, ca să ne mai „spălăm" grijile.

„Băi Dani! Ia trage și tu ceva la măsea și lasă-i că nu o să-ți facă nimic. Ai 48 de ore?"

„Mîine seară."

„Aaaa, păi atunci nici o problemă. Trage o dușcă de aici și nu te mai agita degeaba."

Am luat o gură bună de lichior și imediat s-a schimbat atmosfera. Eram mult mai relaxat. După vreo oră de povești, fiecare cu ale lui, sticla cu lichior se golise. Dintr-o dată mă întrebă el:

„Bă, tu n-ai luat ceva de băut, că tare m-i sete?"

„Eu am o litră de țuică, dar asta-i pentru locotenent, ca să-l îmbunez."

„Ce? Tu vrei să-i dai lui țuica bună și el să te bage la arest? Tu ori ești prost ori faci pe prostu! Scoate-o afară, să mai bem ceva, că azi încă-i sărbătoare, măăă. Îi lunea de Paşti măăă băia..tule măăă"

El era deja bine turmentat. Și pe mine începuse să mă prindă flama de la lichior.

„Tu nu ești prost degeaba! Ai dreptate! Îi dau lui țuica și pînă la urmă mă bagă și la arest. Las că mai bine o bem noi!"

„Na așa vezi măăă băiatule. Bine că ți-a venit în sfîrșit mintea la cap!"

Am scos sticla și pînă la Craiova am golit încă o jumătate de litru. În Craiova am coborît și am schimbat trenul. Totul a fost în regulă pînă am ajuns în gară la Moțăței. Normal la trenul de ora 22:00, aștepta un autobuz care mergea spre Plenița. Clienți erau tot timpul pentru că era singura posibilitate a soldaților de a ajunge la unitate. Și totuși nu era singura modalitate! De ce spun asta? Pentru că noi a trebuit să găsim altă soluție ca să ajungem la destinație. Vreo 20 de soldați mai așteptau ca și noi autobuzul. Dar toți ateptam în zadar. Trecuse ora 22:00, 23:00 și nici urmă de autobuz. Se făcuse ora 24:00!

Ce să facem? Vreo șapte persoane au găsit un tractor și au plecat în direcția cazarmă. Noi fiind cam „obosiți" nu am mai avut reflexele normale. Pînă ne-am trezit nu mai era loc. O rază de speranță a mai apărut la orizont. Două faruri se apropiau de noi și cu ele creșteau șansele noastre de a ajunge la unitate. De la gară și pînă în sat mai erau 3 km. Din păcate în loc de bus a venit un tranportor de beton. Noi am dat din mîini și l-am oprit. Spre ghinionul nostru nu mergea decît pînă în sat. Nu mai avea motorină și nu se putea aventura să rămînă în cîmp. Ne-am împăcat și cu asta și ne-am urcat toți pe unde am apucat, ca ciorile pe gard. Cel mai important era să nu vină ploaia. Era cam înnorat și bătea vîntul. Am coborît în sat și ne-am hotărît s-o luăm pe jos. Dacă mai prindeam vreo ocazie bine, dacă nu, cei 25 de km pînă la unitate trebuia să-i parcurgem pe picioare. Nu era chiar plăcută perspectiva acestui marș forțat, dar noi eram doar din armata română! Soldați căliți, sau mai bine zis căcăliți. În trei, am pornit în jurul orei 24:00 spre cazarmă. Primii kilometri au fost în regulă. Cam după două ore au început durerile de tălpi. Bocancii mei nu erau din piele, de marca Nike sau Puma. Erau niște rable puțin prea mari pentru mine. Piciorul era prea lejer și mă băteau la tălpi. Geanta de pe umăr devenise și ea tot mai grea. Oboseala și resturile de alcool ne încetineau viteza. Colac peste pupăză începu să bată și vîntul din față. Cînd au mai căzut și stropi de ploaie, neliniștea a crescut. Nu-mi era frică de apă, ci de fulgere. Eram în plin cîmp. Nici o casă, nici un pom, nici urmă de civilizație!

Din fericire ploaia s-a oprit repede și de atunci nu am mai simțit nici o durere. Am accelerat ritmul și la ora 4:00 dimineața am ajuns la unitate. De intrat pe poartă nu puteam, pentru că biletul de voie era expirat cu o zi înainte. Deci nu rămînea decît alternativa trecerii pe sub gard și tîrîș ca să nu vadă santinela. Am reușit fără probleme și am ajuns cu bine în dormitor. Imediat mi-am dat jos bocancii și ciorapii cu care puteam să bat cuie în pereți. Așa dureri groaznice de tălpi nu am avut niciodată. M-i se părea că tot timpul calc pe pioneze, deși eram întins în pat. Din agitația mea s-au trezit și colegii. Am scos mîncarea și țuica ce a mai rămas, le-am pus pe masă și i-am invitat la micul dejun. S-au așezat toți la masă și a început ospățul. Era în jur de 4 jumate dimineața. Eu m-am întins pe pat. Nu mai vroiam nici măcar să mai simt mirosul de alcool. Deci țuica pentru locotenent s-a evaporat și eu eram atîta de obosit că am adormit imediat. La ora șase era deșteptarea. După nici două ore de somn, m-am trezit cu dureri de spate, de parcă aș fi avut saci de plumb pe mine. Cu chin cu vai m-am îmbrăcat și am ieșit la masă. La ora șapte ne-am adunat în curte, pentru raport. S-a făcut raportul, am intrat în dormitor și imediat mă chemă locotenentu la el în birou. Nici bine nu intrai și el zbieră la mine:

„Mă boule mă! Unde ai fost mă? Am vrut să te dau dezertor! Dacă nu erai la raport acu, trebuia să te anunț. Ce ai făcut de n-ai venit la timp?"

Pe moment mi-a venit inspirația și-i spun:

„Tovarășul locotenent, a venit unchiu din Germania acum de Paști. De bucurie am băut cam mult și am pierdut trenul."

„Păi bine măi nenorocitule și vii cu mîinile în buzunar? Nu ai adus nimic cu tine?"

„Știți, am avut ceva pregătit, dar m-am grăbit și am uitat pachetul acasă. Îmi dați la sfîrșitul săptămînii un bilet de voie și mă duc să-l iau."

„Î-ți mai dau eventual pe cocoașă! Poți să uiți! Cît eu î-ți mai sînt șef, tu nu mai vezi casa. Și acu marș potaie, că te bag la arest. Mai și faci mișto! Dispari ca măgaru-n ceață!"

„Am înțeles să trăiți."

M-am întors și am plecat ca din pușcă. Am scăpat ieftin.

A trecut și ciclul unu și urma să ne trimită la munci pentru următoarele opt luni. După o vizită medicală, ne-am adunat în curte și comandantul de unitate ne-a ținut un discurs despre ce ne așteaptă. Se mergea la munci agricole sau la mină. Eu am avut „norocul" să fiu repartizat la mină la Petroșani. M-am bucurat că eram mai aproape de casă, avînd numai 100 de km. Mi-am făcut valiza și împreună cu ceilalți colegi repartizați cu mine, am plecat spre Valea Jiului. Și tatăl meu a făcut 24 de luni armată la Petrila, lîngă Petroșani. Mama săraca nu era prea încîntată cînd a auzit că iar trebuie să meargă în vizită pe meleagurile Văii Jiului.

Contactul cu mina a fost brutal. Din prima zi ne-au pus să cărăm la stîlpi de fier de 60 kg. Așa mi-am zăpăcit șira spinării. Eu eram obișnuit de acasă cu căratul în spate de la lemne, dar de luni de zile nu mai aveam antrenament. După două zile am ajuns în infermerie cu pastile și injecții. A trecut și asta și am intrat în plin, în meseria de miner, la 500 de metri sub nivelul mării. Eu eram la golit și umplut de vagonete cu materiale. La suprafață încărcam vagoneții, îi împingeam în colivie și jos în puț, îi scoteam pe linia de tren. De acolo erau trași în galerie, unde era nevoie. Cît timp afară era cald, pînă în octombrie, a mai mers. Dar cînd a început iarna, situația a devenit critică.

Eu trebuia să încarc cinci vagoneți, cu 35 de bolțari de ciment, cam la 30kg bucata și un vagonet cu nisip. Totul în șase ore. Cu drum și pauză erau de fapt doar cinci ore! Aveam o condiție fizică de taure. Șase tone în cinci ore!

Am tras frig ca un erou al muncii socialiste! Jos în mină era bine să lucrezi la 20 de grade plus. La suprafață, minus 20, noaptea. Eram cu un civil în tură. Cît timp lucram era OK. Pauza în schimb era groaznică. Nu aveam unde să ne retragem la căldură. Făceam foc pe unde apucam. La față ne frigeam și spatele era înghețat. După cinci minute ne întorceam în jurul axei jucînd hora pe loc. Ne înghețau oasele! Într-o parte erau munții Retezat în cealaltă munții Parîng. Faptul că eram mai aproape de casă nu mi-a adus nimic. În cele nouă luni nu am primit decît o învoire de 36 de ore și asta a fost. Măcar au putut ai mei să vină mai des la mine. La Plenița, o dată au fost și le-a ajuns. Au rămas fără frînă la mașină și tata fără carnet.

Aveam un vecin care era cu mine în unitate. Au venit și părinții lui la jurămînt. Dar în drum spre Plenița, au avut ghinion. Au fost opriți la control de un polițist. El de fapt voia să vadă mașina. Olteanul nu văzuse pînă atunci un Fiat 850. S-a urcat la volan, a pornit și numai bine că era să dea într-o casă. Mașina nu mai avea de loc frîne! Pe loc i-a luat carnetul tatălui meu și l-a trimis la un atelier să repare frînele. Mamele au găsit pe altcineva cu mașină și au ajuns la noi la timp cu pachetele de mîncare. Pe tați în schimb nu i-am văzut la față. Nu au reușit să repare frînele și așa s-au întors ei doi, 300 de km pînă acasă. Unul conducea și celălalt trăgea frîna de mînă cînd era nevoie. Ca în filme, la cascadorii rîsului.

Se spune că ziua de 13 e cu ghinion. La mine nu! După aproape 19 luni de chin și jale, pe 13 martie

1980 am scăpat cu viață de calvarul denumit armată. Doamne ajută. Opt luni mai tîrziu, a mai fost repartizat un coleg de liceu la Petroșani. În mină, exact acolo unde eu am lucrat, a avut loc o explozie de metan și au murit vreo 100 de oameni, dintre care și 10 soldați. El nu era în tură și a scăpat cu bine. Dar săracul, era termint psihic. Cine nu ar fi fost! Așa-i viața! Azi ești, mîine nu mai ești.
Trăiască comunismul! În mină la 1000 de metri!

Epilog

Am încălecat pe o șea, și v-am spus povestea așa. Sper că am reușit cît de cît să vă rețin atenția cu amintirile mele. Nu m-am lungit prea mult în amănunte ca să nu devin plictisitor. Vă mulțumesc pentru timpul pierdut cu cititul cărții. Trage-ți concluziile ce v-i se par mai importante. Viața nu e un concert de binefacere. În viață trebuie să luptăm pentru scopurile pe care n-i le propunem. Cel mai important e să nu renunțăm, să rămînem tari, chiar și atunci cînd totul pare pierdut. Orice problemă, are și o rezolvare. Am demonstrat-o eu, așteptînd aproape șapte ani, pînă am reușit să fug din țară! Să rămînem sănătoși. Asta e cea mai de preț comoară a noastră, a tuturor. Ceea ce eu am vrut în esență să transmit e următorul mesaj:

„Visează, fă-o și vei reuși"

Cam asta a fost în mare istoria mea. Dar de fapt cu asta nu se încheie capitolul Daniel. Cartea **„Evadarea din Infern"**, e un roman autobiografic, în care actorul principal(din nou eu) își deapănă amintirile despre pregătirea și desfășurarea acțiunii de evadare din România. Nu lipsește nici viața din închisorile românești ale anilor 80, pe care, din păcate, am avut „onoarea" să o cunosc din plin.

Dumnezeu să ne ajute

Acum expun în continuare cîteva poze mai vechi, înainte de și din „Epoca de aur"

Uzina Ferdinand în secolul XIX

Ferdinand — Ferdinandsberg — Nándorhegy
Uzina pentru prelucr. fină a fierului - Feineisenwalzwerk - Fi omhengermű

Laminorul de tablă unde a lucrat bunicul meu. E și el pe poză, al treilea din stînga, în spate, în picioare. Data se poate citi pe tabla de jos, 24 dec. 1933
Anii trec... de parcă ar zbura.....ca vîntul

Fabrica de var prin anii 70 și jos în anii 90!

Kanalul care de 2 ori era să-mi ia viața!

Laminorul 550 unde a avut loc accidentul în 1984